KB269567

항복하고 즐거웠던 시간도,
고통으로 얼룩진 시간도,
결국 끝이 납니다.

소풍을 끝내고
우리는 어디로 돌아갈까요?

당신은
영원한 쉼을 누릴
돌아갈 곳이 있나요?

믿음으로 '마지막'을 준비하는 이들을 위한 시간

소풍 끝내는 날

김미영 지음

좋은땅

평범한 신앙인으로서 마지막 옷을 지으며 한 땀 한 땀 바느질하는 시간 동안 하나님께 묻고 기도하며 누린 은혜와 성경과 생사학 책들을 붙들고 배우며 알게 된 것들을 기록으로 남겨 보았습니다.

수의를 짓는 과정에는 전통이라는 이름으로 지켜야 할 미신적인 요소들이 많이 있습니다. 예를 들어 윤달에 지어야 한다, 실은 이로 끊지 않아야 한다, 어떤 것은 홀수로, 어떤 것은 짝수로 해야 한다는 등. 이런 것들을 지키지 않았을 때 나와 가족에게 혹시 좋지 않은 일들이 일어나면 어쩌지? 하는 생각은 문득 저를 두렵게 하곤 했습니다. 바느질이 조금 서툴러도 감사한 마음을 담아 부모님의 수의를 정성껏 짓는 마음이면 충분한데 우리가 느끼는 감정은 귀신의 이름을 빌려 사람들의 두려움을 이용한 상술에 불과한 허상이었습니다. 수의를 짓는 일은 사랑하는 부모님을 위해 어느 때이든(윤달에도 상관없이) 누구나 준비할 수 있는 귀한 일임을 알게 되었습니다. 하지만 아는 것과는 다르게 마치 오래된 습관처럼 이런 '나쁜 생각들'이 잊을만하면 찾아와 제 마음을 괴롭히는 것을 막을 수는 없었습니다.

'죽음'이라는 것, 죽음과 관련된 일, 죽음에 대해서 생각해 보는 일이 하나님이 보시기에 악한 일일까? 궁금해졌습니다. 도서관에 들러 한 권, 두

권 책을 읽기 시작했고 성경을 읽으면서도 '어떻게 살 것인가?'가 아니라 '어떻게 죽을 것인가?'라는 관점으로 차근차근 죽음을 공부하기 시작했습니다. 그 시간을 통해 바느질하는 평범한 성도에게 주신 죽음에 대한 소중한 메시지들을 담아낼 수 있었습니다.

죽음 자체는 악한 것이 아닙니다. 하나님이 창조하신 것이니까요. 죽음은 죄의 삯이기 때문에 두려워하는 것도 당연합니다. 죄로 인해 죽게 된 우리는 죄를 짓게 될까 봐 두려워해야 하는데 죄의 문제를 먼저 해결해야 하는데 죽음만 두려워하는 어리석은 모습으로 살아갑니다.

죄의 문제가 해결되면 죽음은 두렵지 않습니다. 이것이 우리 믿는 자들에게 주시는 하나님의 은혜입니다. 죽음을 묵상하는 시간을 통해 부활의 소망이 살아나고 흐려졌던 믿음이 선명해진다면 이것만큼 값진 시간이 어디 있을까요? 차분하고 깊이 있게 주님께로 가는 그날을 묵상하는 시간을 가져 보시길 권합니다.

하나님이 창조하신 육체가 가지고 있는 오묘함은 죽음의 과정에도 드러납니다. 이 책을 통해 「임종의 과정」에 대한 오해가 사라지고, 평안한 마음으로 자신의 품위 있는 죽음을 준비하는 데 도움이 되길 바랍니다. 죽음이라는 단어가 많이 언급되어 자칫 불편할 수 있는 책이지만 타인의 죽음이 아닌 나의 죽음에 대해서, 죽음 너머에 대해서 생각해 보는 시간은 분명 남아 있는 당신의 삶을 더 평안하게 해 줄 것입니다.

목차

1장

죽음학 교실 Ⅰ

또 내가 들으니 하늘에서 음성이 나서 이르되 기록하라
주안에서 죽는 자는 복이 있도다 하시매 성령이 이르시되 그러하다
그들이 수고를 그치고 쉬리니 이는 그들의 행한 일이 따름이라 하시더라
- 요한계시록 14:13 -

궁금하지만 의사에게도,
그 누구에게도 물어볼 수 없었던
죽음에 대해 알아봅시다.

죽음 준비의 필요성

죽음학에서는 「죽음을 단지 삶의 끝이 아니라 삶의 일부」로 이해합니다. 죽음까지가 삶이고, 삶은 죽음을 포함하고 있다는 관점입니다. 죽음을 준비하지 못한 채 갑자기 마주하게 되는 죽음, 이것을 '당하는 죽음'이라고 말할 수 있습니다. 반면, 죽음을 받아들이고 준비한 사람의 죽음은 '맞이하는 죽음'이라고 말할 수 있습니다. 당하는 죽음은 당한 당사자에게나 남겨진 가족들에게 크고 작은 혼란과 슬픔이 상처로 남기도 합니다. 맞이하는 죽음은 사랑하는 가족들과 작별의 인사를 나누고 슬프지만, 아름다운 마무리를 남겨 주며 삶의 마지막까지 자신답게 살아가게 합니다.

「죽음 준비」는 자신의 존엄한 죽음을 맞이하게 할 뿐만 아니라, 남겨진 가족들의 혼란을 줄이고, 온전한 애도를 통해 슬픔을 잘 이겨 낼 수 있도록 돕는 과정입니다. 삶의 마지막을 사랑하는 사람들에게 평안한 기억으로 남겨 줄 수 있다는 점에서 죽음 준비는 서로를 위한 사랑의 표현이라고 할 수 있습니다.

많은 사람들이 바라는 '좋은 죽음'의 모습은 고통 없이, 가족과 작별 인사를 나누며, 자기가 그동안 살아오던 곳에서 편안하게 자듯이 떠나는 모습입니다. 여기에 오늘날은 자기결정권이 존중되는 죽음까지 포함하기도 합니다. 죽음을 준비한다고 해서 계획한 대로 다 이루어지는 것은 아니지만 준비 없이는 좋은 죽음에서 더 멀어질 수밖에 없습니다.

여러분이 생각하는 좋은 죽음은 어떤 죽음인가요?
삶의 마지막이 어떤 장면이기를 바라시나요?

이 질문에 스스로 답해 보는 시간을 가져 보는 것, 이것이 바로 죽음을 준비하는 첫걸음입니다.

어느 날 갑자기 들이닥친 죽음들은 남아 있는 사람들의 가슴에 오래도록 상처가 되어 괴롭히기도 합니다. 그래서 죽음이라는 현실에 직면하기 전에 미리 나의 삶을 정돈하며 준비하는 것은 마지막까지 스스로의 삶을 책임지는 것입니다.

죽음은 단지 나 한 사람만의 일이 아닙니다. 준비하지 않은 죽음은 남은 이들에게 '짐(처리해야 할 일)'이 되지만 준비한 죽음은 사랑하는 이들에게 오래도록 남을 '선물'이 될 것입니다. 준비하지 않고 죽음 앞에 침묵하는 것이 죽음 후에 큰 부담과 고통이 될 수 있다는 사실을 기억해야 합니다.

죽음을 준비하는 사람은 지금 이 순간을 더 깊이 사랑하게 됩니다. 시한부 판정을 받은 사람들의 이야기를 들어보면 날마다 주어지는 하루하루가 얼마나 소중한지 그들의 이야기는 한결같습니다. 오늘 하루 내 곁에 있는 사람들의 소중함을 비로소 알게 해 주는 죽음을 외면하지 않길 바랍니다.

죽음은 죽음을 지켜보는 사람들에게도 큰 의미로 남습니다. 죽음이 때로는 부모의 부재로, 자녀를 잃은 슬픔으로, 배우자를 잃은 외로움으로 남겨져 우리의 삶 가운데 오래 기억되어 오는 것을 보면 알 수 있습니다. 내가 떠난 후 기억되는 나의 모습, 이것이 죽음을 준비해야 하는 또 다른 이유이기도 합니다.

1. 지금까지 죽음에 대해 어떤 편견과 감정들을 품고 있었나요?(두려움, 무관심, 막연한 걱정, 기대…)

2 나의 죽음을 준비한다던 어떤 것을 가장 먼저 준비하고 싶으신가요?(습관의 변화, 나눔, 예배회복…)

나의 죽음 생각해 보기

죽음. 단어 자체가 불편하고 입에 담으면 안 될 것만 같습니다. 죽음을 멀리하며 살지만 죽음은 모든 생명에게 반드시 찾아옵니다. 죽음을 생각해 보는 것은 용기를 내서 죽음에 맞서겠다는 뜻이 아닙니다. 죽음을 생각해 보는 시간은 삶의 의미를 되새기게 만드는 힘이 있습니다. 우리는 늘 삶에 대해서는 많은 이야기를 나눕니다. 자녀 문제, 부동산, 정치, 맛집, 여행…. 하지만 '죽음'에 대해서는 쉽게 입을 열지 않습니다. 죽음을 이야기하면 불편하고 죽음에 관한 이야기는 분위기를 어둡게 하기 때문인 것 같습니다. 죽음에 대해, 죽음 준비에 대해 함께 이야기 나눌 사람이 있는지 둘러보지만 먼저 말을 꺼내기가 쉽지 않습니다.

사회가 말하는 죽음이나 타인의 죽음이 아니라 내가 맞이하게 될 죽음이 있습니다. '나'의 죽음에 대해 생각해 보는 시간을 가져 보시기를 바랍니다.

죽음과 관련된 책이나 영화를 본 경험이 있나요?

책이나 영화의 장면처럼 내가 그런 죽음을 당하거나 맞이하게 된다면 어떨지 생각해 본 경험이 있나요?

"외모로 보시지 않고 각 사람의 행위대로 심판하시는 이를 너희

가 아버지라 부른즉 너희가 나그네로 있을 때를 두려움으로 지내
라" 베드로전서 1:17

    하나님께서는 우리를 나그네라고 하십니다. 또한 이 땅에서 나그네로
사는 동안 두려움으로 지내라 하십니다. 나의 나그네 된 신분을 기억하며
하나님을 경외하는 마음으로 살아가는 사람은 심판의 날 천국 시민권을
얻게 될 것입니다. 「하나님과 동행하며 마지막을 준비하는 것이 믿음을
가진 사람으로서 우리가 가야 할 좁은 길」인지도 모릅니다.

왜 죽음을 배워야 하는가

알폰스 데켄 교수의 죽음 교육을 통해 본 통찰

죽음을 배운다는 것은 단순히 삶의 끝을 준비하는 일이 아닙니다. 오히려 그 반대입니다. 죽음 교육은 삶을 더욱 깊이 이해하고 순간을 소중히 여기며 살아가도록 이끄는 배움입니다. 죽음 교육을 통해 우리는 삶의 소중함을 깨닫게 됩니다. 무의미하게 흘려보내던 시간을 돌아보게 되고 삶의 가치와 방향을 새롭게 발견하게 됩니다.

오늘날 한국 사회는 치열한 입시와 취업 경쟁 속에서 청소년과 청년들이 사랑할 시간도, 죽음을 성찰할 여유도 갖지 못하고 살아갑니다. 하지만 그들에게 진정으로 필요한 교육은 사랑을 배우고(Ars Amatoria), 죽음을 배우는 것(Ars Moriendi)입니다. 죽음을 배우고 생각해 보는 시간은 진정한 행복의 문을 여는 열쇠가 될 것입니다.

죽음을 배우고 준비해 온 사람은 설령 갑자기 죽음이 닥치더라도 삶을 정리하고 관계를 회복하기 위한 특별한 시간을 따로 필요로 하지 않습니다. 왜냐하면 그들은 살아 있는 매 순간 사랑하고, 사과하고, 용서하는 삶을 살아가기 때문입니다. 죽음을 생각한다는 것은 결국 지금 내 삶에서 가장 소중한 것이 무엇인지 자각하며 그것을 실천하며 살아가는 삶으로 이어지게 합니다. 만일 당신이 떠난 후 기억되고 싶은 모습이 있다면 그것이 바로 당신 삶의 목표가 될 수 있습니다. 그 목표에 가까운 모습으로 마무리되는 삶. 이것이 죽음 교육이 우리에게 주는 가장 큰 선물입니다.

감춰진 죽음

죽음은 늘 뉴스 속 이야기이거나 병원 침대 위 타인의 몫이었습니다. 현대의 의료 시스템은 죽음을 감추고, 이별의 시간을 빼앗아 갑니다. 이로 인해 우리는 죽음을 보지 못한 채 살아갑니다. 얼핏 '죽음이 감춰져서 더 안전한 거 아니야?'라고 생각할 수 있습니다.

죽음이 감춰지면 정말 안전할까요?
죽음은 사라지지 않았습니다. 죽음은 절대 사라질 수 없습니다. 하지만 죽음의 의료화는 죽음을 철저히 감추고, 죽음까지도 치료하려는 듯 보입니다.

90년대까지만 해도 장례를 어떻게 지냈는지 떠올려 보세요. 저도 돌아가신 할아버지의 장례를 집에서 치르던 일이 기억납니다. 고인의 임종 고정을 가족들이 모두 지켜보고 모든 세대가 죽음을 가까이에서 배울 수 있었습니다. 그런데 지금은 임종직전까지 지내는 장소가 집이 아닌 요양원이나 요양병원으로 바뀌었습니다. 장례도 집에서 장례식장으로 모두 전문기관으로 옮겨지고 감추어져 있습니다. 심지어 3일 장례를 치르는 동안에도 입관하는 날에도 우리는 죽음을 전혀 볼 수가 없습니다.

"사랑하는 가족의 장례식에서 우리는 죽음을 배워야 한다."

- 팀 켈러 -

장례지도사라는 전문가의 도움으로 가족도 고인에게 인사만 건네면 되는 시대입니다. 죽음이 감추어진 편리한 장례문화 속에서 제대로 슬퍼하거나 애도하지 못한 채 가족의 죽음을 트라우마로 갖고 살아가게 되는 경우가 참 많습니다. 죽음의 의료화로 인해 자신의 죽음에 대해 고민하고 배워야 할 기회가 사라져 버렸기 때문이라고 많은 전문가들은 말합니다.

죽음이 감춰진 시대를 사는 여러분에게 다시 묻고 싶습니다.

당신은 죽음을 '나의 일' 또는 '나에게도 일어날 일'로 받아들이고 있습니까?

---

1. '나는 언젠가 반드시 죽는다'는 사실을 진지하게 생각해 본 적이 있나요?

2. 사랑하는 사람이 죽었을 때, 나는 무엇을 배웠나요?

3. 죽음을 목격하거나 애도한 경험이 내 삶에 어떤 영향을 주었나요?

'자연사'를 희망합니다

예전에는 '무지병장수'라는 말처럼 어떤 병인지 모른 채 노환으로 자연사를 할 수 있었습니다. 그러나 현대 의학은 모든 병의 원인을(죽음까지도) 밝히고 치료해야 할 것으로 규정합니다. 자연스러운 노환조차 여러 가지 병명으로 진단, 치료하려고 합니다. 이제는 '자연사'가 어려운 시대입니다.

사실 모든 의사는 환자를 치료함에 있어 포기하지 않도록 교육받습니다. 실제로도 의사는 윤리적이거나 법적인 이유로 치료를 중단할 수 없습니다. 심폐소생술을 비롯한 대부분의 연명치료과정은 사전에 결정해 드리지 않으면 환자가 의식이 없을 때 가족이 치료 중단을 요청하더라도 쉽게 중단할 수 없습니다. 젊고 건강한 사람일수록 성공률이 높긴 하지만 전반적인 심폐소생술의 성공률은 약 10%에 불과합니다. 노인이나 말기 환자에서는 거의 0%에 가까운 결과를 보입니다. 그럼에도 불구하고 의료 시스템은 '할 수 있는 모든 것'을 실행합니다. 응급실에 실려 온 환자는 가족과의 마지막 대화도 나누지 못한 채 황망하게 죽음을 맞이하게 됩니다. 이처럼 이별의 시간조차 빼앗는 외로운 죽음은 가능하다면 피하고 싶습니다.

산모로서 아기를 위해 모든 것을 준비하고 기쁨으로 기다리던 시간이 있었습니다. 구유에 나신 아기 예수님을 묵상하기 좋은 기회였습니다. 2,000년 전 예수님의 탄생은 우리가 기다리던 출산의 기쁨과는 너무나 달랐습니다. 누추한 마구간에서 태어나셨고 태어나자 곧 죽임당할 위협으로 타국으로 도망쳐야 했습니다.

예수님은 탄생만큼이나 죽음도 순탄하지 못했습니다. 우리는 가족의 사랑과 애도 속에서 이별의 순간을 맞이하지만 예수님은 무고하게 체포당하고 죽이려는 사람들의 모함 속에 외롭고 억울한 죽음을 맞이하셨습니다. 예수님의 생애를 설교로 많이 들어왔지만 그분의 죽음을 내 죽음에 비추어 생각해 본 것은 처음입니다. 나를 미워하는 사람이 단 한 명만 있어도 분노하고 상처받는 연약한 우리들입니다. 과연 배신당해서 홀로 외로이 억울한 죽음을 맞이하게 된다면 우리는 편히 눈을 감을 수 있을까요? 출생에서 죽음까지 누군가의 위협 속에 계셨던 예수님의 외로운 죽음을 생각하면 우리는 얼마나 많은 축복과 보살핌 속에서 누리며 살아왔는지 깨닫게 됩니다.

예수님의 외로운 죽음을 떠올리며 나의 죽음을 묵상해 봅니다. 예수님의 삶을 닮아야 하는 우리가 어쩌면 그분의 죽음도 닮아야 하지 않을까요?

외롭고 억울한 죽음 앞에서도 사랑을 놓지 않으셨던 예수님.

죽음으로 생명을 살리신 삶.

외형적으로는 가장 비참한 죽음이었지만 그분의 죽음은 인류를 구원하신 가장 위대한 사랑이었습니다.

이 세상을 떠날 때 나로 인해 한 영혼이라도 주께 돌아올 수 있다면 또 복음이 전해질 수 있다면 결코 외로운 죽음이 아닐 것입니다. 마지막 길 오롯이 혼자 떠나야 할 그 자리에서 내가 기도했던 한 사람이 나를 위해 눈물 흘려 줄 수 있다면 그 길은 결코 외롭지 않을 것입니다.

내가 죽은 후에도 사람들이 계속 열매를 맺도록 하려면 나는 어떻게 살아야 하는가? 이 질문은 '죽음에 대한 고민은 곧 삶에 대한 고민'이라는 것을 알게 해 줍니다.

2장

죽음학 교실 II

너는 장수하다가 평안히 돌아가 장사될 것이요

- 창세기 15:15 -

죽음을 준비하는 것은 끝을 계획하는 것이 아니라,

지금까지 지내온 은혜에 감사하며,
내일을 소망하며,
다시금 주님 앞으로 나아가는 것입니다.

임종 과정 살펴보기

죽음의 과정을 살펴보는 것은 내가 겪게 될 과정을 이해하고 수용하는데 도움이 될 것입니다. 두엇보다 자신의 존엄한 죽음을 지켜낼 수 있게 되기를 바랍니다.

1. 사망 몇 주 전(여명 주 단위)

이 시기는 신체적 에너지와 기능이 눈에 띄게 줄어듭니다. 의식은 아직 유지되지만 피로감이 심해지고 대부분의 시간을 누워서 지내거나 자는 상태가 됩니다. 말기 환자가 느끼는 피로감은 정상인이 느끼는 피로감과는 차원이 다르다고 합니다. 온몸이 심하게 붓기도 합니다. 심한 식욕부진 현상이 나타나지만, 탈수 현상도 없고 영양실조 상태에 빠지지도 않는다고 합니다. 밤낮의 구분이 사라지며 수면 패턴도 불규칙해집니다. 이 모든 증상은 몸의 모든 기관이 생의 마지막을 향해 가는 자연스러운 변화입니다.

이 시기에 가장 힘들어하는 점은 스스로 걷지 못하는 것입니다. 자기 몸을 마음대로 움직일 수 없다는 상실감에 고통스럽지만, 이 시기는 하고 싶은 일을 할 수 있는 마지막 기회이기도 합니다.

2. 사망 며칠 전(여명 일 단위)

죽음이 가까워지면 손발 끝이나 입술이 푸르스름해지고 체온도 점차 떨어집니다. 따뜻한 담요를 덮어도 손발이 차가운 이유는 혈액순환이 말초까지 도달하지 않기 때문입니다. 수면량이 더욱 늘어납니다. 떨어지는 체력을 보충하기 위한 자연스러운 반응입니다. 졸다가 다시 잠드는 것이 반복되는 **경면 증상**, 점점 시간이나 장소를 구별하지 못하는 **지남력 장애 증상**, 환청으로 인해 엉뚱한 말을 하기도 하는 **섬망 증상** 등이 나타납니다.

이 시기가 되면 환자는 물론 간병하는 가족들도 견디기 힘들 정도로 고통스럽습니다. 이러다가 대개 혼수상태에 빠지거나 섬망 상태가 되어 가족들을 알아보지 못합니다. 마지막 순간까지 의식이 또렷한 사람은 극소수입니다. 숨을 거두기 직전 가족들과 대화를 나누는 드라마의 장면 같은 일은 현실적으로 거의 불가능하다고 합니다.

마지막 고비인 사망 24시간 이전은 가장 고통스러운 시간입니다. 이 고비를 넘기면 대개의 경우 온화한 시간이 기다리고 있습니다.(당연히 개인차는 있다고 합니다.) 완화의료의 모든 수단을 동원해도 이 24시간 전후에 찾아오는 고통을 없애기는 어렵다고 합니다. 고통스러워하는 환자를 지켜보다 못해 의사의 치료를 불신하는 일은 없어야겠습니다.

3. 사망 직전(여명 시간 단위)

이 시간 고인의 옆에 있으면서 임종을 지켰다고 하지만 사실 의식이 없는 상태입니다. 모든 감각이 꺼져 가고 환자는 거의 고통을 느끼지 못하지만 들을 수 있는 상태입니다. 죽음의 숨소리라고 불리는 거친 하악 호흡을 하게 됩니다. 무감각해진 기관으로 침이나 분비물을 스스로 삼키지 못해서 생기는 소리입니다. 지켜보는 가족들에게는 고통스러운 시간이 될 수 있지만 침착하게 임종을 준비해야 합니다. 말을 걸어도 반응은 없지만 청각은 살아 있으니, 귓전에 상냥하게 말을 걸어 주거나 손을 잡아 주거나 부드럽게 쓰다듬어 주는 행동은 좋습니다. 호흡이 정지해도 한동안 심장이 움직이고 경동맥이 뛸 수 있기 때문에 편의상 심장이 멈춘 시간을 사망 시각으로 정합니다.

실제 임종 상황은 생각보다 단순하지 않습니다. 의료 기기를 많이 달고 있을수록 모니터를 통한 신호에 의지하게 되고 사망 시각이 늦춰진다고 합니다. 현대에 이르러 죽음에 대한 판단은 유일하게 의사만이 내릴 수 있게 되었습니다. 의사가 판단하고 결정한 죽음만이 '법적으로 유효'하게 된 것입니다.

* 참고: 《삶의 마지막에 마주치는 10가지 질문》, 오츠 슈이치, 21세기북스 / 《당신은 이렇게 죽을 것이다》, 백승철, 셈앤파커스

무엇을, 어떻게 준비해야 할까요(건강할 때)

1. 오늘의 삶을 잘 준비하자

삶에서 중요한 몇 가지-건강과 재정, 신앙, 관계 등 자신이 중요하다고 생각하는 것들을 잘 돌보는 것이 남은 삶을 잘 준비하는 시작입니다.

2. BDT를 정리하자

- 버킷리스트(Bucket List): 내가 꼭 하고 싶은 일들
- 더킷리스트(Duck-it List): 과감히 내려놓을 일들
  * 자기혐오의 마음을 내려놓고 삶의 의욕을 떨어뜨리는 사람들과의 관계는 정리
    하세요. 당신의 시간과 에너지는 소중합니다.
- 투두리스트(To-do List): 해야 할 일

3. 오랫동안 즐길 수 있는 취미를 가지자

취미는 단순한 여가가 아닙니다. 꾸준히 발전시키면 제2의 본업이 될 수 있고 은퇴 없는 삶의 기반이 됩니다. 행복한 모습으로 취미를 즐기던 모습으로 고인은 기억될 것입니다.

4. 식탁 위에서 죽음을 이야기하자

죽음은 피하고 싶은 주제이지만, 꼭 나눠야 할 이야기입니다. 나의 죽음, 사랑하는 사람의 죽음을 이야기하기 어렵지만 가정의 연장자가 먼저 나누기 시작하면 분위기가 바뀝니다. 식사 자리에서도 죽음에 대해 툭할 수 있는 가족은 좋은 죽음을 맞이할 준비가 되어 있는 가족입니다.

5. 간접적인 죽음 경험을 해 보자

죽음을 다룬 책 읽기:《나는 품위 있게 죽고 싶다》,《성경의 인물로 보는 아름다운 마무리》,《죽음을 배우는 시간》,《아름답게 떠날 권리》,《우리의 죽음이 삶이 되려면》 등.

호스피스 봉사나 추모 행사에 참여하거나, 책이나 매체, 다양한 활동들을 통해 죽음을 간접적으로 경험해 보는 것은 두려움을 줄이고, 삶을 더 깊이 바라보게 합니다.

6. 죽음 관련 서류를 미리 준비하자

유언장, 사전연명의료의향서, 장기기증 서약서, 법적대리인 지정서, 장례의향서, 후견인 관련 서류. 이러한 문서들은 분쟁이나 다툼으로 이어지는 일을 예방할 수 있습니다. 남은 가족들에게 결정에 대한 부담을 덜어 주는 문서 준비는 나와 남겨질 가족 모두를 위한 준비입니다.

7. 주치의를 정하자

우리나라에는 장애인 주치의 제도는 있으나, 일반 주치의 제도는 없습니다. 그러나 신뢰할 수 있는 병원이나 의원에서 지속적인 상담과 진료를 받는 것이 좋습니다. 꼭 의료인이 아니어도 건강 문제를 의논할 사람을 미리 정해 두세요. 의료 대리인 제도는 핵가족, 1인 가구가 늘어나는 시대에 활용할 수 있는 좋은 제도입니다.

8. 내가 원하는 마지막 모습을 그려 보자

구체적으로 계획할수록 평안한 마지막을 맞이할 수 있습니다. 좋은 죽음은 하루아침에 이루어지지 않습니다.

나는 어디서 누구와 어떤 모습으로 삶을 마무리하고 싶은가?

어떤 모습으로 인생을 정리하고 싶은가?

* 참고: 《삶의 마무리에 대한 의료이야기, 죽음학교실》, 고윤석 외, 허원북스

무엇을, 어떻게 준비해야 할까요(환자일 때)

* 여기서는 회복이 어려운 상태이거나, 임종 과정에 진입했거나 그 가능성이 높은 경우를 다룹니다.

1. 사전돌봄계획(ACP, Advance Care Planning)을 세우자

담당 의료진과 자신의 상태를 정확히 확인합니다. 회복 가능성이 낮다면, 생명 연장 치료에 대한 환자의 가치관을 의료진과 상의합니다. 이 계획은 사전연명의료의향서 또는 사전돌봄계획서의 형태로 문서화할 수 있습니다. 가족과 반드시 공유하여 혼란이나 갈등을 줄이도록 합니다.

2. 사랑하는 사람들과 시간을 보내고 작별을 준비하자

남은 시간이 길지 않다면 사랑하는 이들과 함께하는 시간이 가장 중요합니다. 그동안 표현하지 못한 감사, 미안함, 사랑의 마음을 전하세요. 마지막 헤어짐을 준비하는 것은 그 이별을 슬프게 하기보다 서로를 위한 축복이 될 수 있습니다.

3. 임종 과정(사망 징후)에 대해 알아 두자

본 책의 「죽음학 교실 Ⅱ」의 「임종 과정 살펴보기」를 참고하시기 바랍니다.

생명의 마지막 시간(말기환자)

말기 환자의 돌봄은 단순히 병의 치료를 넘어 고통을 덜고 편안함을 유지하는 것에 초점이 맞춰집니다. 이때의 돌봄은 삶의 마지막까지 존엄함을 지키는 중요한 여정이 됩니다.

1. 통증

말기 환자에게 가장 두려운 증상은 통증입니다. 환자마다 통증의 원인, 양상, 강도에 맞는 마약성 진통제를 포함한 약물로 조절합니다.

약물 사용의 원칙

마약성 진통제는 통증 강도와 관계없이 사용 가능하며, 가능한 경우 경구약을 우선으로 합니다.

신장/간 기능 저하, 폐질환 등에 따라 용량을 조절하며, 마약성 진통제의 흔한 부작용인 변비는 적극적으로 관리해야 합니다. 말기 환자의 경우 중독의 염려는 없습니다.

2. 호흡 곤란

말기 암환자나 심부전 환자, 폐질환자에게 흔히 발생하고, 공포감고 불안을 동반하기 때문에 심리적 안정을 관리하는 것이 중요합니다. 산소 공급, 체위 조절(상체를 살짝 올리기), 저용량 모르핀 등을 투여할 수 있으며, 환자의 호흡을 억지로 교정하려 하지 말고 옆에 있어 주며 불안을 줄이는 것이 중요합니다.

3. 오심과 구토

약물, 장폐색, 대사 이상 등 다양한 원인으로 오심, 구토 증상이 나타나기도 하며, 항구토제 투여, 원인 치료, 식사량 조절 등이 필요합니다. 자극적 냄새와 음식은 피하고 소량씩 자주 식사할 수 있도록 유도합니다.

4. 변비

마약성 진통제, 활동 저하, 수분 부족 등으로 흔하게 발생하는 증상으로 규칙적인 배변 유도, 충분한 수분 섭취, 완화제 사용이 필요합니다. 말기 환자에게 변비는 통증과 불편감을 심화시킬 수 있으므로 적극 관리해야 합니다.

5. 피로와 전신 쇠약감

　말기 환자의 대부분이 호소하는 증상으로 질병의 진행 외에도 통증, 약물 부작용, 영양 상태 등이 원인이 됩니다. 충분한 휴식, 가족의 정서적 지지와 돌봄이 필요합니다.

생명의 마지막 시간(임종 전)

임종이 가까워졌을 때, 남은 시간을 보다 평안하고 존엄하게 보내기 위한 준비가 필요합니다. 이 시기에 할 수 있는 가장 중요한 일은 환자의 의사 존중과 불필요한 의료행위의 중단, 그리고 삶의 마무리를 위한 실제적인 준비입니다.

1. 의사 표현과 관련 서류 준비

삶을 스스로 마무리하고자 준비하는 것은 단지 절차의 정리가 아닙니다. 존중받고 누려야 할 환자의 권리입니다. 다음과 같은 항목들을 환자 본인의 뜻에 따라 미리 정리하고, 가족 및 의료진과 공유하는 것이 중요합니다.

- 사전연명의료의향서 또는 연명의료계획서 작성
- 원하는 임종 장소(병원, 자택, 요양시설 등)
- 장례식장 사용 여부와 장례 예식의 방식(기독교식, 불교식, 무종교 등)
- 매장 방법(매장 또는 화장)과 장지(가족묘, 납골당, 해양장, 수목장 등)
- 영정사진, 수의, 유언장 등 실물 준비
- 장기나 안구 기증 의사 여부

2. 불필요한 의료행위의 중단

임종기 환자에게는 고통을 줄이고 편안함을 유지하는 것이 최우선입니다. 따라서 생명을 억지로 연장하거나 큰 도움이 되지 않는 의료 행위는 중단할 수 있습니다. 예를 들어, 다음과 같은 검사나 처치는 환자에게 신체적 불편이나 고통을 줄 수 있으므로 중단을 고려합니다.

- 혈압, 산소포화도 등 생체신호의 지속적인 측정, 수혈, 항생제, 영양제 투여, 혈당 측정, 과도한 수액 공급 등.

이 결정은 환자의 상태와 뜻, 가족의 동의, 그리고 의료진의 전문적 판단을 바탕으로 이루어져야 합니다.

임종은 두려운 일이지만 잘 준비하면 사랑과 존엄 안에서 이별을 맞이할 수 있도록 주어진 소중한 시간이 될 것입니다.

홈다잉

환자가 자택에서 평안한 임종을 맞이하길 바란다면 가족과 보호자들은 사전에 구체적인 준비를 위해 환자와 충분한 대화를 나눠야 합니다.

1. 의사는 가족에게 사망 확인 방법을 설명해야 한다

임종 직후 환자의 상태 변화는 처음 겪는 사람에게 충격이 될 수 있으므로 기본적인 사망 징후에 대한 교육이 필요합니다.

※ 사망의 주요 징후

- 심장 박동과 호흡이 완전히 멈춤.
- 동공이 고정됨(빛에 반응 없음).
- 피부색이 창백하거나 회색빛으로 변하고 체온이 점차 차가워짐.
- 근육이 이완되며 실금(소변이나 대변의 배출)이 발생할 수 있음.
  * 실금은 사망 직전이나 직후에 흔히 발생하며, 근육의 이완 때문에 생기는 자연적인 생리현상.
- 피부와 근육이 밀랍처럼 굳어지며 안면 근육 이완으로 입이 벌어질 수 있음.

2. 눈을 감지 못하는 현상에 대한 안내

환자가 사망한 후에도 눈이 완전히 감기지 않은 채 떠 있을 수 있습니다. 이는 사후 안와(眼窩) 지방이 줄어들어 안구가 뒤로 들어가면서 눈꺼풀이 자연스럽게 감기지 않기 때문입니다. 이 현상은 흔한 생리적 반응이며 억울하게 죽었다는 뜻이 아니므로 불필요한 오해나 두려움을 갖지 않도록 가족들에게 미리 설명해 두는 것이 좋습니다.

3. 임종 시 연락 계획을 세워 두자

환자가 임종할 가능성이 높을 경우 누구에게 연락할 것인지 계획을 세워 두어야 합니다. (주치의, 호스피스 간호사, 장례지도사, 교회 목사님 등) 또한, 홈다잉의 경우 119와 112에 전화합니다.

- 119 신고 요령: 환자의 현 상태(위 사망의 주요징후)와 '임종하신 것 같다.' 라는 말과 사전연명의료의향을 함께 전달합니다. 출동한 소방구급대원이 경찰과 함께 입회하여 환자를 수습합니다. 하지만, 당황한 나머지 부정확하게 신고(일반 응급환자와 같이)할 경우 구급대원은 응급조치에 필요한 장비만 가져오게 되고, 심폐소생술 등 응급조치를 취하게 될 수 있습니다. 이는 환자의 뜻과도 어긋날 수 있습니다.
- 112 신고 요령: 환자의 현 상태(위 사망의 주요 징후)와 '임종하셨다.'고 경찰에 전달합니다. 경찰이 오기 전까지는 반드시 「현장 보존」을 해야 합니다. 타살 혐의점이 없는 자연사인지 확인하는 절차를 거치게 됨

니다.

* 참고: Youtube. 복의 여정. 상속전문변호사

4. 가족의 정서적 반응에 대비하자

설령 모든 준비가 잘 되어 있어도 환자의 사망 직후 가족은 깊은 충격과 상실감에 빠질 수 있습니다. 울음, 무기력, 분노, 혼란 등의 반응이 있을 수 있으며 이는 정상적인 애도 반응입니다. 이럴 때는 감정을 억누르지 말고 곁에서 조용히 기다리고 위로하는 태도가 중요합니다.

사도 바울은 사명의 길을 가는 동안 언제 죽을지, 어떻게 죽을지를 고민하며 두려움에 불안하거나 절망에 흔들리지 않았습니다. 오히려 적극적이고 열정적으로 복음을 전하는 선교적 삶을 살았습니다. 바울은 천국에 대한 분명한 소망이 있었고 그의 곁에는 맡겨진 사명을 끝까지 감당할 수 있도록 지탱해 주는 동역자들이 있었습니다. 바울의 서신 곳곳에 믿음의 여정을 함께한 그들의 이름들이 흔적으로 남아 있습니다. 천국에 대한 소망, 부활의 소망을 품은 믿음의 동역자가 있다는 것은 이 땅에서 복음을 전하고 이웃을 섬기며 살아가는 데 큰 버팀목이 되어줍니다.

우리는 늘 만남의 축복을 위해 기도합니다. 하지만 그 기도의 깊은 곳에는 삶이 좀 더 순조롭고 평탄하기를 바라는 마음이 자리하고 있습니다. 바울은 모든 것을 해로 여김은 '내 주 그리스도 예수를 아는 지식이 가장 고상하기 때문이라'고 했습니다. 바울처럼 예수를 따르고 예수를 전하며 고상하고 품위 있는 삶을 살아가길 소망합니다.

내가 누군가의 기도 응답이 되기를, 누군가에게 동역자가 되어 주기를 구하는 삶이야말로 사망과 어둠의 권세를 이기는 삶임을 믿습니다. 바울처럼 품위 있는 죽음을 꿈꾸는 삶은 결국 아름다운 삶의 마무리로 이어질 것입니다.

3장

더 나은 삶을 위한 죽음 이야기

또 죽기를 무서워하므로 한평생 매여 종노릇 하는 모든 자들을
놓아 주려 하심이니
- 히브리서 2:15 -

사람마다 죽음을 대하는 방식은 참 다릅니다. 어떤 이는 그 존재조차 외면하고 또 누군가는 두려움으로 조심스레 거리를 둡니다. 하지만 언젠가 반드시 맞이할 죽음, 그 모습에 대해 묻는 것이 자연스러운 삶이 아닐까요?

예수님과 제자들의 죽음을 바라보면 알게 됩니다. 좋은 죽음이란 고통 없는 죽음이 아니라 주어진 사명을 마치기까지 하나님과 화목하고 천국을 향한 소망으로 가득한 마지막이 좋은 죽음임을 볼 수 있습니다.

우리는 각자 나만의 삶의 이야기가 있습니다. 죽음 또한 그럴 것입니다. 각 사람을 향한 하나님의 뜻과 계획이 다르듯이 죽음도 다르게 다가올 것입니다. 죽음 준비는 다른 사람과 비교하거나 유행을 따라 하는 것이 아니라, 나만의 죽음으로 맡겨진 삶을 완성하는 것입니다.

하나님의 부르심

기독교는 잘 살기 위한 종교가 아니라 잘 죽기 위한 종교다.

- 손양원 -

누구에게도 예외가 없는 죽음이지만 나와 내 가족만큼은 특별한 예외이길 바라는 마음이 있습니다. 죽음뿐만 아니라 치명적인 재난이나 사고, 질병에서 제외되기를 바랍니다. 하지만 이것은 바람일 뿐 요구하거나 주장할 권리는 우리에게 없습니다.

주어진 생명이 내 것인 줄 알고 큰 착각 속에 살아가지만, 나에게도 죽음은 반드시 찾아옵니다. 나의 욕심, 나의 권리에 집중하며 사는 것이 아니라 예수님을 따라 사는 삶으로 맡겨진 삶을 살아내야 합니다.

얼마 전 봄날 한 아름다운 결혼식에 참석했습니다. 하나님을 모르는 동생의 결혼식이 너무 위태로워 보였습니다. 하나님 앞에 그 어떤 약속도 없이 사람들 앞에서 춤추고 노래하며 결혼이 선포되었습니다. 결혼생활을 잘 이루어 가길 기도할 수밖에 없었습니다. 결혼식 당일의 행사만을 준비해서는 앞으로 찾아올 전쟁 같은 결혼생활을 버텨 낼 수 없다는 것을 우리는 잘 압니다.

죽음 준비는 어떻습니까? 장례 준비나 유언장을 써 두는 일은 일부에 불과합니다. 죽는 그날을 위해 '죽을 준비'를 하는 것이 아니라 '오늘'을 어떻게 살아갈지에 대한 고찰이어야 합니다. 어떤 삶을 살다가 어떻게 마지막 길을 떠나는지 듣고 배우는 죽음이 되길 소망합니다. 죽음을 향해 가는 길은 죽음을 외면하며 가는 길보다 분명 좁은 길입니다. 죽음 준비는 하루 이틀에 해치울 수 있는 일도 아닙니다. 마지막 순간을 감사와 평안으로 맞이하기 위해 지금부터 지속해야 할 삶의 교정 작업인지도 모르겠습니다.

우리가 마음을 쏟아 고민해야 할 것은 '얼마나 오래 살 것인가?'가 아니라 '어떻게 살아갈 것인가?'입니다. 삶의 끝은 어쩌다 마주치는 우연이 아니라 하나님께서 정하신 분명한 부르심입니다. 그러니 죽음은 하나님께 순종하는 자리입니다. 어쩌면 순종이라는 단어가 가장 빛나는 순간인지도 모릅니다. 예수의 죽음이 그러했고, 모세의 죽음이 그러했듯이 부르심에 순종하는 시간입니다. 그토록 수많은 예배를 드렸지만 내 전부를 드리는 번제로 내 삶을 드리는 마지막 예배가 될 것입니다.

건강하게 오래 사는 것, 그것은 분명 축복이지만 믿음의 사람에게 그것만이 전부일 수는 없습니다. 100세를 사는 동안 드린 5200번의 모든 예배를 하나님이 기쁘게 받으셨을까요? 365가지×100년 36500번의 염려와 분노, 무관심, 미움은 어떻게 받으셨을까요? 마치 오래 사는 것 자체가 어떤 성취인 양 여겨지곤 하지만 우리는 기억해야 합니다. 생명은 하나님의 것이고 죽음도 하나님의 것입니다. 생명의 주관자 되시는 하나님의 부르심 앞에서 언제든 '예.'라고 반응할 수 있어야 하지 않을까요?

　예수님은 때가 찼을 때 아버지의 뜻에 순종하셨습니다. 제가 겨우 33살인데, 아직 결혼도 못 해 봤는데, 한 50쯤 불러 주시면 안 될까요. 이것이 우리의 마음 아닌가요? 십자가라는 가장 고통스러운 죽음을 마다하지 않으셨기에 우리는 그분의 죽음 안에서 생명을 얻었습니다. 그렇다면 우리의 마지막 역시 순종의 자리가 되는 것이 진정 예수님을 닮은 삶이 되는 것입니다. 하나님의 부르심 앞에 마지막으로 드리는 '아멘'으로 예배하기 위해 그 길을 담담히 어떤 식으로든 준비해야 합니다. '죽음도 하나님의 부르심'이라는 믿음 안에서 사는 사람은 죽음을 두려움으로 보지 않습니다. 오히려 그것은 영원을 향한 소망으로 여깁니다. 죽음을 부르심으로 받아들이고 준비할 때 마지막을 향한 발걸음은 평안하고도 가벼운 발걸음이 될 것입니다.

　하나님은 우리를 부르셨습니다.

　바울은 사도로 부르셨고, 우리를 성도로, 하나님의 것으로 부르셨습니다. 여러분들처럼 하나님의 부르심에 순종함으로 살아가는 분들도 계시지만, 하나님의 자녀로, 사명자로 부르셨지만 자기 뜻대로 살아가는 많은 사람들이 있습니다. 때가 되면 죽음이라는 이름으로 우리 모든 인생을 평등하게 부르실 것입니다. 순종한 자녀들과 불순종한 사람들을 차별 없이 부르실 것입니다. 죽음은 모든 사람들에게 찾아오지만, 그리스도 안에서 죽음은 영원한 생명을 위한 은혜의 통로입니다. 주님 품으로 돌아가는 날을 기쁨과 감사로 준비한다면 그날은 가장 복된 날이 될 것입니다.

천국과 지옥은 죽어야만 가는 곳일까요

천국과 지옥은 무겁고도 낯선 이야기일 수 있습니다. 실제로 본 사람도 없고 그 존재를 확신하기란 어렵지요. 하지만 그렇다고 완전히 외면할 수 있는 주제도 아닙니다.

살면서 우리는 종종 '천국 같은 순간'과 '지옥 같은 시간'을 경험합니다. 사랑스러운 아이의 웃음, 사랑하는 가족들과의 평화로운 저녁식사, 감사로 벅차오르는 날들 그건 분명 이 땅에서 누리는 작은 천국입니다. 반대로 억울함과 고통, 미움, 불안, 외로움 등에 짓눌릴 때 그 순간이 지옥처럼 느껴지기도 하지요. 그렇다면 상상해 볼 수 있지 않을까요? 늘 웃을 수 있는 기쁨으로 가득한 곳이 있다면 어떨까요? 고통이 끝나지 않고 계속되는 곳이 있다면 어떨까요? 순간의 감정이 아닌 '영원'이라는 시간을 기준으로 생각해 본다면 그 무게는 확연히 달라집니다.

성경에는 거지 나사로와 부자의 이야기가 나옵니다. 부유하고 풍족하게 살았던 부자는 죽은 후 극심한 고통 속에서 남은 가족들까지 이곳에 오게 될 것을 걱정합니다. 하지만 그 누구에게도 자신의 처지를 전해 줄 수 없습니다. 반면, 천국에 있는 나사로는 이 땅에서는 가난하고 고통스럽게 살았지만, 그곳에서는 평안을 누리고 걱정도, 갈증도, 부족함도 없습니다. 더 이상 아무것도 필요한 것이 없기 때문입니다. 천국은 '더 이상 필요한 것이 없는 곳'이거나, '우리의 필요를 아시는 분이 모든 것을 채워 주시는 곳'일지도 모릅니다. 반대로 지옥은 '무언가가 간절히 필요한데 아무도 채워 주지 않는 곳'일지도요.

우리 삶 속에서 이미 이 두 세계는 조용히 스며들어 있습니다. 모든 걸 가졌어도 마음은 공허한 사람도 있고, 가진 건 없어도 평안한 사람도 있습니다. 그러니 천국과 지옥은 저 먼 미래의 일이기 전에 오늘 나의 가슴에도 이미 와 있는 것이 아닐까요? 하나님은 우리를 기다리고 계십니다. 그리고 이 땅에서도 천국을 경험할 수 있도록 허락하셨습니다. 믿음으로 사는 사람은 이 땅에서도 천국을 누리며 살아갈 수 있습니다.

천국과 지옥은 죽어야만 가는 곳이 아닐지도 모릅니다.

오늘, 천국행 여행을 준비합니다

죽음을 흔히 여행에 비유합니다. 죽음은 우리를 어디로 데려갈까요? 천국 혹은 지옥? 이왕이면 천국으로 가야겠죠? 그러려면 미리 준비하고 알아보고 마음도 단단히 먹어야 합니다. 며칠 떠나는 여행도 숙소, 식당, 날씨까지 알아보며 설레는 마음인데 하물며 영원히 머물 천국은 얼마나 더 설레고 기대가 될까요? 신혼여행, 가족여행은 날짜를 정해서 가방도 싸고 비행기도 예매하고 설레는 마음으로 떠납니다. 하지만 천국행 여행은 다릅니다. 언제 떠날지 어디서 출발할지 아무도 모릅니다. 그렇다고 준비 없이 떠날 수는 없겠죠? 천국행은 다행히 짐이 필요 없습니다. 비행기 수화물 칸은 언제나 텅 비어 있고, 좌석번호도 없습니다. 그냥 문이 열리면 한걸음에 쏙! 편도만 있습니다. 돌아오는 티켓은 없습니다. 돌아올 필요도, 이유도 없습니다. 왜냐하면 목적지가 완벽하기 때문입니다.

여행 경비도 준비해야 하지만 다행히 이미 2000년 전에 예수님께서 다 지불하셨습니다. 이보다 감동적인 결제는 없을 것입니다. 단 하나, ‘죽음’이라는 관문을 거쳐야 합니다. 누구도 대신 통과해 줄 수 없는 그 문. 그래서 이 여행은 늘 개인 여행입니다.

그리고 중요한 포인트! 내 여행의 목적지가 어디인지는 검색대를 통과 후 알 수 있습니다. 내가 가진 탑승권이 진짜 천국행인지 검색대를 통과해야만 알 수 있다니 너무 스릴 넘치는 여행 아닌가요? 예수를 믿는다고 살아왔는데 그것이 가짜 믿음이었다면 생각만 해도 아찔합니다. 천국에 도착하면 우리는 예수님을 만나게 될 것입니다. 그분의 얼굴을 직접 뵐 날을 기대하며 이제 여행을 떠날 준비를 시작해 보면 어떨까요?

노화는 시간의 선물입니다

우리 인생의 목적은 오래 살기 위한 것이 아닙니다.

노화는 부끄러운 일도 아니고 질병도 아닙니다. 노화는 하나님이 허락하신 시간의 선물입니다. 세상은 노화를 질병처럼 여기고 맞서서 극복해야 하는 것으로 여기며 항노화를 외칩니다. 광고는 젊음을 상품화하고 화면 속 세상은 주름 하나 없이 완벽한 얼굴을 선망하게 만듭니다. 흰머리와 주름을 감추고 젊음을 연장하는데 모든 것을 쏟아붓게 만듭니다. 거울에 비친 모습에 나조차도 흐뭇한 시선을 주지 못하는 모습이지만 하나님은 어여쁘고 귀하다 여기십니다.

'늙지 않으려는 인생'에 갇혀 죽음을 두려워하고, 자연스러운 부르심을 외면하고 있지는 않나요? 정작 준비해야 할 자신의 죽음을 준비하지 못한 채 생을 마감한다면 얼마나 안타까운 일인가요?

"그러므로 우리가 낙심하지 아니하노니 우리의 겉 사람은 낡아지나 우리의 속사람은 날로 새로워지도다" 고린도전서 4:16

믿음의 사람은 속사람이 날로 새로워지고 성장하게 될 것입니다. 그런 사람은 노화가 두렵지 않습니다. 나이 듦을 두려워하지 않고, 오히려 하나님의 시간을 존귀하게 받아들일 수 있습니다. 속사람이 날로 새로워지

며 열매 맺는 삶은 외모의 팽팽함, 화려함과는 비교할 수 없는 온유함과
성숙함을 가져다줄 것입니다.

1. 내 몸의 변화와 노화를 어떻게 받아들이고 있나요?

2. 노화를 피하고 싶은 마음 뒤에 어떤 두려움이 숨겨져 있나요?

3. 내 삶에서 노년이 주는 축복이라고 여겨지는 것들이 있나요?

너희의 늙은이들은 꿈을 꾸리라

"하나님이 말씀하시기를 말세에 내가 내 영을 모든 육체에 부어
주리니 너희의 자녀들은 예언할 것이요 너희의 젊은이들은 환상
을 보고 너희의 늙은이들은 꿈을 꾸리라" 사도행전 2:17

노년에도 성령 충만한 삶을 살아야 합니다. 어쩌면 젊은이보다 더 성
령 충만한 삶을 살 수 있기에 꿈을 꿀 수 있는 것입니다. 젊은이들은 당당
하게 노화를 수용하며 사는 어른들의 삶을 배우려 할 것이고 그분이 떠난
후에도 오래도록 기억할 것입니다. 젊은이들이 노인들을 보며 다시 꿈을
꾸는 인생으로 도전하게 하는 것이 노년에 주어진 사명이 아닐까요?

"보라 내가 네 팔과 네 조상의 집 팔을 끊어 네 집에 노인이 하나
도 없게 하는 날이 이를지라 이스라엘에게 모든 복을 내리는 중
에 너는 내 처소의 환난을 볼 것이요 네 집에 영원토록 노인이 없
을 것이며" 사무엘상 2:31~32

또한, 성경에는 노인이 없는 것이 저주라고 말합니다. 부르심에 순종하
는 노년을 준비하지 않으면 시간만 연명하게 될 것입니다. 젊은이들이 노
인과 교제하기를 싫어하는 이유가 뭘까 생각해 봅니다. 우리가 알고 있는

것처럼 나이든 외모나 노인의 냄새 때문만은 아닙니다. 노인에게서 배울 지혜가 없어서입니다. 젊은이들은 AI에게 물어보면 다 배울 수 있는데 무엇 때문에 꼰대들과 어울려야 하느냐고 합니다. 젊은이들이 기대하는 어른의 혜안이 내 안에 있는지 돌아보아야 합니다.

하지만, 우리가 주변에서 만나는 노인의 모습은 변하지 않고 성장하지 않는 모습뿐입니다. 고집과 편견으로 지금까지 살아오지는 않았는지 돌아보아야 합니다. 지금까지 반드시 지켜야 한다고 생각했던 것들이 노인이 된 지금도 정말 중요한 것인지 잠시 생각해 보면 어떨까요!

성경을 통한 나의 죽음 묵상

나는 삶을 어떻게 마무리해야 할까?

이 질문을 품고 성경을 읽기 시작하면 놀라운 일들이 일어납니다. 성경은 삶의 지침서이면서 죽음을 준비하는 이들을 위한 안내서이기도 합니다. 우리의 삶을 치유하고 회복시키고 삶의 지혜를 가르쳐 주는 성경은 어떻게 죽음을 준비할 것인지도 정확하고 세세하게 가르쳐 줍니다. 어떻게 죽음을 준비할지 하나님께 묻는 시간을 가져 보세요.

묵상. 1

"너희 안에서 행하시는 이는 하나님이시니 자기의 기쁘신 뜻을 위하여 너희로 소원을 두고 행하게 하시나니" 빌립보서 2:13

"너희 안에서 행하시는 이는 하나님이시니…."

지금까지 살아온 내 삶 가운데 하나님께서 행하셨다고 고백할 수 있는 사건이 있었나요? 내 안에서 '하나님이 일하신다.'는 이 진리를 죽음 앞에서도 여전히 믿을 수 있나요? 나는 내 삶의 주도권을 온전히 하나님께 드리고 있나요?

"자기의 기쁘신 뜻을 위하여…."

하나님은 내 삶과 죽음을 통해 어떤 뜻을 이루기를 원하실까요? 나의 존재가 하나님의 '기쁘신 뜻' 안에 있다는 사실이 죽음을 어떻게 바라보게 만드나요? 내가 하나님의 기쁨이 되기 위해 무엇을 비우고 무엇을 채워야 할까요?

"너희로 소원을 두고 행하게 하시나니."

내 안에 있는 소원은 누구로부터 비롯된 것인가요? 나는 어떤 소망을 가지고 죽음을 준비하고 있나요? 지금 내 마음 깊은 곳에서 하나님이 새롭게 심으시는 '소원'은 무엇인가요?(용서, 화해, 믿음의 유산, 복음 전파 등)

기도) 내 숨이 멎는 날까지 내 안에서 행하시는 하나님을 신뢰합니다. 이 작은 자에게도 소원을 두고 행하심을 믿습니다. 나를 사용하소서.

묵상. 2

"오직 나는 여호와를 우러러보며 나를 구원하신 하나님을 바라보나니 나의 하나님이 나에게 귀를 기울이시리로다" 미가 7:7

"오직 나는 여호와를 우러러보며…."

죽음을 앞두고 나는 무엇을 바라보고 있나요? 삶의 마지막에서 너가 의지하고 싶은 분은 누구인가요? 지금 나의 시선은 영원하신 하나님께로 향하고 있나요, 아니면 세상에 머물러 있나요?

"나를 구원하신 하나님을 바라보나니…."

예수님의 구원이 내 삶과 죽음에 어떤 의미를 주고 있나요? 구원의 확신 위에 선 나의 죽음 준비는 어떤 모습인가요?

"나의 하나님이 내 말을 들으시리로다."

죽음이 가까이 왔을 때, 나는 하나님께 어떤 말을 드리고 싶을까요? 하나님이 내 기도를 들으신다는 확신이 나에게 어떤 평안을 주고 있나요?

기도) 주님, 내 생의 마지막 순간에도 오직 주님만을 바라보게 하소서. 죽음을 두려워하기보다 나를 구원하신 주님께 맡기는 믿음을 주소서. 내 말을 들으시는 주님, 나의 마지막 고백이 '주님 사랑합니다.'이길 소망합니다.

묵상. 3

"마음이 혼미하던 자도 총명하게 되며 원망하던 자도 교훈을 받으리라" 이사야 29:24

"마음이 혼미하던 자도 총명하게 되며…."

하나님 앞에서 죽음을 '총명하게', 곧 지혜롭게 바라볼 수 있을까요? 죽음에 대해 마음을 혼미하게 만들던 두려움이나 막연함을 가지고 있지는 않나요? 지금 내게 필요한 '총명함'은 어떤 부분에서일까요?(삶의 정리, 용서, 믿음의 고백, 소망 등)

"원망하던 자도 교훈을 받으리라."

'왜 나에게 이런 일이'라고 원망을 토로하고 싶은 순간이 있었나요? 그 순간들을 통해 하나님이 주신 교훈이나 깨달음이 있었다면, 그것은 무엇이었나요?

기도) 하나님, 내 혼미했던 마음을 밝히시고 남은 날들 속에서 참된 지혜와 교훈을 얻게 하소서. 죽음 앞에서도 원망이 아닌 감사와 깨달음으로 주님을 맞이하게 하소서.

돌에 맞아 순교한 스데반의 죽음은 세례 요한처럼 비참해 보이는 죽음이었습니다. 죽음을 슬프고 비참하다고 느끼는 것은 살아남은 자들의 감정입니다. 죽기 전까지는 고통스러울 수 있지만 죽음 자체는 그 고통이 끝나는 지점입니다. 적어도 죽음을 맞이하는 이에게는 그렇습니다.

흔히 우리가 바라는 '좋은 죽음'과는 전혀 다른 비참한 죽을 맞이한 스데반이었지만 그는 우리와 다르게 마지막 순간까지 천국에 대한 소망으로 충만했습니다.

그는 죽기 전 이렇게 기도했습니다.

"그들이 돌로 스데반을 치니 스데반이 부르짖어 이르되
주 예수여 내 영혼을 받으시옵소서 하고
무릎을 꿇고 크게 불러 이르되 주여 이 죄를 그들에게 돌리지 마
옵소서 이 말을 하고 자니라" 사도행전 7:59-60

천국에 대한 소망은 비참한 사고나 고난 속의 죽음조차 '준비된 죽음'으로 바꿉니다. 이 소망은 예고 없이 찾아오는 죽음, 억울한 죽음, 감당하기 어려운 죽음의 고통 앞에서도 우리를 지켜 줄 것입니다.

4장

죽음을 통해 바라본 삶의 이야기

그런즉 너희가 어떻게 행할지를 자세히 주의하여
지혜 없는 자 같이 하지 말고 오직 지혜 있는 자 같이 하여
세월을 아끼라 때가 악하니라
- 에베소서 5:15~16 -

죽음을 공부하면 삶이 조금은 다르게 보입니다. 늘 같았던 하루가 특별해지고, 망설이던 일들에 용기를 내게 되고, 사소했던 감정들이 소중하게 다가옵니다. 삶의 우선순위가 변하게 되고 정말 중요한 것들이 보이기 시작합니다. 삶을 출생으로 되돌려 리셋(재부팅)할 수는 없지만, 재정비하고 오늘이 원년이 되어 다시 시작할 수는 있습니다.

하나님 앞에 자신을 다시 세워 보세요. 내 생각, 사람의 기준이 아닌 하나님의 시선으로 나를 들여다보며 내가 진짜 바라보며 살아야 할 방향을 점검하고 그분의 기쁨 안에 나의 남은 시간을 맡겨 드립니다.

예수님이 필요해요

예수님, 오늘도 예수님이 필요해요.

예수님은 우리가 숨을 거둘 그 마지막 순간에만 필요한 분일까요? 죽을 때 '주여!' 부르면 등장하시는 그런 분이실까요? 그렇다면 예수님이 너무 외로우실 것 같지 않나요?

예수님은 지금도 우리 곁에서 분주하게 일하고 계십니다. 누군가에게 상처받고도 내가 먼저 손 내밀 힘을 주시고, 도저히 사랑할 수 없을 것 같은 사람을 위해 기도하게 하시고, '난 왜 이럴까?' 자책하는 우리를 돌보십니다. 붙들어 주시고, 기다려 주시고, 또 일으켜 세우십니다. 내 안에 악한 것들과 싸워 이겨 낼 힘도 주십니다. 예수님 없이는 누구도 사랑할 힘이 없습니다. 참기도 어렵고, 품기도 어렵습니다. 그래서 오늘도 우리는 예수님이 정말 필요합니다. 죽는 순간만이 아니라 지금 이 하루를 살아 내기 위해서요.

죽음 앞에서 나를 변호해 주실 뿐 아니라 이렇게 오늘을 살아가는 이 자리에서도 우리를 인도해 주십니다. 버리지 못하는 자존심과 내 자아, 절제하지 못하는 욕망과 습관들, 시기와 미움들을 예수님은 이미 알고 계십니다.

나는 예수님 없이는 살아갈 수 없는 하나님의 자녀입니다.

이제는 남은 생애 우리가 드릴 예배는 자원하는 마음을 가득 담아 드릴 감사의 제사뿐입니다.

네 하나님 만나기를 준비하라

"이스라엘아 네 하나님 만나기를 준비하라" 아모스 4:12

아모스 선지자는 돌이키지 않는 사람들에게 하나님 만나기를 준비하라 경고했습니다. 누구도 피할 수 없는 만남, 바로 하나님과의 만남입니다. 죽음은 끝이 아니라 하나님 앞에 서는 심판의 날입니다. 회개 없는 삶은 두려움으로 이어지고 그날에는 어떤 것도 돌이킬 수 없습니다.

오늘 우리에게도 같은 질문이 주어집니다.

"당신은 지금 이 순간 하나님을 만날 준비가 되었습니까?"

우리는 언젠가 반드시 죽지만 쉽게 그 사실을 '나의 일'로 받아들이지는 않습니다. 누구나 죽음을 향해 하루하루 걸어가고 있지만 우리는 자신의 남은 날을 헤아리는 법을 배우지 못한 채 살아갑니다. 시편 기자는 이 지혜로운 마음을 간절히 구했습니다. 삶의 유한함을 깨달을 때 비로소 얻을 수 있는 지혜로운 마음을 구해봅니다. 죽음 묵상을 통해 주어진 오늘이 얼마나 귀한 한 날인지 깨닫고 앞으로 어떻게 살아야 하는지 방향을 찾게 되길 바라봅니다.

하나님의 형상대로 사람을 창조하시되

우리는 모두 하나님의 형상대로 지음받은 존재입니다.

> "하나님이 자기 형상 곧 하나님의 형상대로 사람을 창조하시되
> 남자와 여자를 창조하시고" 창세기 1:27

살아가는 동안 우리는 너무도 쉽게 외모나 겉모습, 사회적 지위나 가진 재물로 사람을 판단하곤 합니다. 첫인상만으로 누군가를 평가하고, 타고 다니는 차나 입은 옷을 보고 그 사람의 인격과 가치를 짐작합니다. 그러나 이러한 시선은 단순한 실수나 편견이 아닐 수 있습니다. 하나님의 형상대로 지음받은 이들을 낮잡아 보는 것은 곧 창조주 하나님을 무시하는 행위이며, 성숙한 신앙인의 삶과는 거리가 먼 것입니다.

죽음을 준비하는 이 시점에서 나는 어떤 눈으로 사람을 바라보고 있었는지 돌아봅니다. 나는 하나님의 형상을 발견해 내는 눈을 가지고 있었는지, 아니면 세상의 잣대를 기준으로 판단하고 거리를 두었는지 깊이 성찰하게 됩니다.

이제는 겉모습에 속지 않는 지혜로운 노인으로 늙어 가고 싶습니다. 누구든지 주 안에서 귀하고 그 존재만으로도 존엄하며 사랑받을 이유가 충분하다는 진리를 마음에 새깁니다. 그리고 남은 날들 속에서 한 사람 한

사람을 하나님의 형상으로 바라보는 성숙한 시선으로 살아가기를 소망합
니다.

진정한 공부

공부에는 두 가지 길이 있습니다. 하나는 위기지학(爲己之學) 자기를 위한 공부이고, 다른 하나는 위인지학(爲人之學) 남을 위한 공부입니다. 언뜻 보기에 위인지학은 이타적이고, 위기지학은 이기적으로 느껴질 수 있습니다. 그러나 유학에서는 위기지학이 진정한 공부라고 말합니다.

왜일까요?

위기지학은 삶의 태도와 가치관을 변화시키는 공부입니다. 그 안에는 자아 성찰이 있고, 인격의 성숙이 있습니다. 그 공부를 통해 남의 티를 보기보다 내 눈 속의 들보를 보고 문제의 원인을 외부가 아니라 자기 자신에게서 찾게 됩니다. 활을 쏘고 과녁을 빗나갔을 때 날씨를 탓하거나 장비를 탓하거나 옆 사람을 탓하는 대신 "내가 제대로 겨냥했는가?"를 돌아보는 사람. 그가 위기지학을 하는 사람입니다.

믿음의 길에서도 마찬가지입니다. 하나님은 환경을 바꾸시기보다 나를 변화시키길 원하십니다. 진정한 공부는 내가 죄인임을 깨닫고, 예수님의 성품을 닮아가는 것에서 시작됩니다.

가족 돌봄은 사역입니다

돌봄은 그리스도의 사랑으로 생의 마지막을 섬기는 거룩한 사역입니다. 따뜻한 말로 위로하그 손을 잡아 드리고 주님이 주시는 평안을 나누며 천국을 소망하게 하는 그 순간들…. 그것은 세상에서 가장 조용하지만 깊은 예배일지 모릅니다. 지금의 50, 60대는 '부모를 보내 드리는 세대'이자 '자신도 떠날 준비를 해야 하는 세대'입니다. 마지막을 곁에서 지켜 드리며 떠나보낼 준비를 하는 그 시간에도 함께 하시는 하나님께 믿음으로 반응하는 '사역의 시간'으로 보낼 수 있어야 합니다.

슬픔에 휩쓸려 감정적으로 붙들고 익숙하게 들어온 문화적 언어로 억지 희망을 반복하며 그 시간을 수고로 끝내지 않아야 합니다. 하나님께서 함께 걷고 계신 여정이라는 것을 기억하세요. 주님의 마음으로 바라보게 되길 소망합니다.

> "내가 확신하노니 사망이나 생명이나… 어떤 피조물이라도 우리를 우리 주 그리스드 예수 안에 있는 하나님의 사랑에서 끊을 수 없으리라" 로마서 8:38-39

아무리 죽음이 가까이 와도 하나님의 사랑에서 끊어지지 않음을 믿습니다. 이 헤어짐은 그토록 소망하던 하나님 나라에서의 영원한 안식으로 떠나는 길입니다.

또 가족 돌봄이 사역이라고 말할 수 있는 이유는 우리의 몸이 통증을 느끼는 감각마저도 희미해져 갈 때 마지막까지 청각은 살아 있기 때문입니다.

하나님께서 그렇게 지으신 이유가 뭘까요?

그동안 영접할 기회를 붙잡지 못했던 가족에게 마지막까지 복음을 전할 수 있도록 주시는 기회가 아닐까요? 비록 대답할 수는 없지만 듣고 받아들이고 편안한 가운데 임종을 맞이하는 사례는 많이 있습니다. 또한, 살면서 의지하고 믿어 왔던 말씀들은 죽음 앞에서도 믿음을 잃지 않도록 도와줄 것입니다.

죽음을 대하는 우리의 태도 속에 신앙의 깊이를 담아내길 원하십니다. 보내는 사람과 떠나는 사람이 마지막까지 함께 더 간절히 예수님의 십자가를 붙잡고 기도하며, 말씀을 따라 천국의 소망을 함께 나누는 시간이 된다면 분명 평안한 가운데 믿음의 경주를 잘 마치게 될 것입니다.

갈렙은 모세가 정탐꾼을 보낼 때 40세였고, 그 후 광야에서 45년을 더 지냈습니다.

> "이스라엘이 광야에서 방황한 이 사십오 년 동안을 여호와께서 말씀하신 대로 나를 생존하게 하셨나이다 오늘 내가 팔십오 세로되 모세가 나를 보내던 날과 같이 오늘도 내가 여전히 내가 강건하니 내 힘이 그때나 지금이나 같아서 싸움에나 출입에 감당할 수 있으니 그 날에 여호와께서 말씀하신 이 산지를 지금 내게 주소서" 여호수아 14:10-11

하나님께서는 이스라엘 열두 지파에게 땅을 분배하실 때 그저 '주겠다.' 하신 것이 아니라 "가서 차지하라." 하셨습니다.

그때 갈렙은 좋은 평지를 양보하고, 험한 산지를 스스로 선택합니다. 그 모습에 얼마나 도전이 되는지요.

85세에 하나님이 나와 함께 하시면 내가 취할 수 있다는 고백이 너무 멋있습니다. 시간의 흐름 속에 노인이 되었지만 그의 모습은 우리가 흔히 알고 있는 '노인의 이미지'와는 사뭇 다릅니다. 육체적으로나 정신적으로 강건했고 믿음으로 여전히 도전했습니다. 어떤 자리 어떤 시간일지라도 하나님이 함께 하신다면 그곳에서 우리는 다시 꿈꿀 수 있습니다.

"나의 도전은 언제 멈추었는가?" 스스로에게 물어보시길 바랍니다. 나를 위해 꿈꾸었던 버킷리스트를 이루는 삶도 도전이겠지만, 새로운 길을 주님의 손을 붙잡고 한 걸음씩 나아감으로 하나님께 영광 돌리는 삶을 꿈꿔 보지 않으시겠어요? 수많은 연구와 사례들이 말해 줍니다. 배우고, 꿈꾸고, 도전하며 사는 삶은 그저 죽을 날만 기다리는 삶보다 훨씬 덜 고통스럽고 더 풍요로운 마지막을 맞이하게 해 줍니다. 여러분의 도전을 진심으로 응원합니다.

5장

엔딩계획

너희 염려를 다 주께 맡기라 이는 그가 너희를 돌보심이라

- 베드로전서 5:7 -

주님,
제 생애의 마지막 여정도 주님 손에 맡깁니다.

지금 이 시간을 통해
제 삶을 돌아보고
남은 날들을
더 사랑하고
더 감사하고
더 신실하게
살고자 합니다.

저의 건강, 물질, 유산, 마지막 돌봄까지도
주님 주시는 지혜 안에서 정리할 수 있도록 도와주소서.
가족과 이웃에게 하나님 나라의 소망을 남기는 삶을 살게 하소서.
이 모든 결단이 기도 위에서 행해지게 하소서.

엔딩 계획 질문리스트

- 당신은 엔딩계획을 왜 작성하려고 하나요?(가족 분쟁 예방, 나의 의지 표현 등)

- 당신의 죽음 준비가 누구에게 어떤 도움이 되길 바라나요?(가족, 교회, 사회 단체 등)

자신의 라이프스타일에 맞게 계획하고 준비하는 데 참고해 보세요.

1. 재정 관리 계획

- 노후에도 지속 가능한 수입원은 무엇인가요?(연금, 퇴직금, 임대소득 등)

- 연금은 언제부터, 얼마 정도 수령할 수 있나요?

- 현재 주거 형태는 노후에도 그대로 유지할 계획인가요?

- 현재 본인 명의의 자산은 어떤 것들이 있나요?(부동산, 예·적금, 주식 등)

- 매달 예상되는 기본 생활비는 얼마인가요?(식비, 주거비, 공과금 등)

- 월 고정지출(보험료, 관리비, 통신비, 차량 유지비 등)은 어떻게 구성되어 있나요?

- 은퇴 후 소비 생활에서 줄이거나, 불필요한 소비라고 느끼는 항목이
  있나요?

- 갑작스러운 병원비나 사고에 대비한 비상자금은 준비되어 있나요?

- 현재 비상자금으로 마련한 금액은 어느 정도인가요?

2. 유산 상속 계획

- 상속 분배와 관련해 가족 간 갈등을 예방하기 위한 준비가 되어 있나요?

- 가족들에게 자신의 상속 계획을 설명할 생각이 있나요?

- 본인이 소유한 부동산, 금융자산, 기타 소장품(귀중품, 예술품 등)을 구체
  적으로 적어 보세요.

- 빚이나 채무가 있나요?

- 유산을 누구에게 어떻게 나누고 싶은가요?

- 상속 비율이나 특정 자산을 지정하고 싶은 사람이 있나요?

- 유산을 통해 자녀에게 전하고 싶은 가치나 메시지가 있나요?

- 법적 상속 외에 기부를 고려하고 있는 단체나 학교가 있나요?

 * 생전에 미리 안전하게 상속을 원하거나 치매, 질병 등으로 판단이 어려워지기
   전에 은행에 방문하여〈유언대용신탁〉상품을 활용할 수 있습니다.

3. 건강 관리 및 돌봄 계획

- 평소 복용 중인 약이 있다면 목록을 기록해 보세요.

- 건강을 위해 꾸준히 하는 운동이나 습관은 있나요?

- 건강이 악화될 경우, 간병인은 누가 될 수 있나요?(가족/간병인/시설)
- 병원 입원, 요양시설 입소 등 상황에 따른 본인의 선택 기준이 있나요?
- 호스피스, 완화의료에 대해 이해하고 있나요? 수용 의사가 있나요?
- 연명의료 결정(심폐소성술, 인공호흡기 등)에 대해 어떻게 생각하나요?
- 연명의료 거부 의사를 담은 문서(사전연명의료의향서 등)를 작성했거나 작성할 계획이 있나요?
- 위급 상황 시 의료 결정을 대신해 줄 법정 대리인(가족, 지인 등)은 누구인가요?

엔딩 계획 중에 계획대로 실행되기 가장 어려운 것이 임종 전 돌봄 계획입니다. 하지만 가족들과 사전에 대화로 조율하고 준비해 둔다면 모두 만족할 수 있는 가족 돌봄이 실행될 수 있습니다. 구체적인 계획을 세우기 어렵더라도 원하는 마지막 돌봄의 방향을 미리 생각해 두길 바랍니다.

모든 계획을 세우고 자신의 계획을 설명하고 공유하는 시간을 가져야 합니다. 언제, 어떤 자리에서 누구에게 전달할지 계획을 세워두어야 합니다.

4. 장례 의향서(Funeral Preferences Statement)

나의 장례 규모와 방식, 비용 등을 사전에 결정해 둘 수 있습니다. 최근에는 '사전 장례식'을 계획하고 의식이 또렷할 때 지인들과 마지막 인사를 나누는 사례도 늘어나고 있습니다. 얼마든지 나의 마지막을 기획하고 만들어 갈 수 있습니다.

장례 방식에 대한 나의 의견을 미리 결정해 보세요. 장례식장과 장례 규

모, 부고 범위, 장례 기간, 입관 예배 때 원하는 찬송가, 꽃장식이나 식사,
영정사진, 수의, 유골함 등 실질적인 준비도 계획해 볼 수 있습니다.

유언장에 관한 QnA

1Q. 유언장은 꼭 작성해야 하나요?

A. 법적으로 반드시 작성해야 하는 것은 아니지만 남은 가족 간의 갈등을 예방하고, 나의 뜻을 분명하게 남기기 위해 유언장은 매우 유익합니다. 재산 문제뿐만 아니라 마지막 신앙고백이나 가족에게 남기고 싶은 말도 유언장에 담을 수 있습니다.

2Q. 언제 유언장을 작성하는 것이 좋을까요?

A. 유언장은 '죽음을 앞둔 사람'만을 위한 것이 아닙니다. '지금 준비하는 사람'을 위한 도구입니다. 다음과 같은 시기에 유언장을 미리 작성하는 것이 좋습니다.

- 건강할 때
- 정신이 명확한 상태에서 중대한 수술이나 치료를 앞두고 있을 때
- 자녀가 성장하고 경제적 분배를 고민하게 될 때
- 재산, 부동산, 빚 등의 구조가 바뀌었을 때

3Q. 유언장은 어떻게 작성하나요?

A. 유언장은 법적으로 인정받기 위해 반드시 형식 요건을 따라야 하며, 대표적인 방식은 다음과 같습니다:

① 자필증서유언(가장 많이 쓰이는 방식)

- 모든 내용을 자필로 작성해야 합니다. (인쇄나 출력물은 무효)

- 작성 날짜와 서명이 반드시 포함되어야 합니다.

- 도장(인감 또는 서명)을 찍어야 법적 효력이 높아집니다.

 *단점: 위조나 분실의 위험이 있고 효력을 높이기 위해 따로 공증 절차 요구됨.

② 공정증서유언(가장 안전하고 분쟁 예방 가능)

- 공증사 앞에서 진술하고, 공증인이 문서를 작성합니다.

- 법적 효력이 매우 강력함.

 *단점: 공증 수수료가 발생하고, 사전 예약이 필요함.

③ 녹음유언 / 구수유언(응급상황용, 요건 엄격)

- 위급한 상황에서 말로 유언이 가능하나, 증인 2명 이상, 녹음, 서명 정리 등 까다로운 절차 필요. (일반적 상황에서는 추천하지 않음)

4Q. 유언장을 작성한 후 어떻게 보관해야 하나요?

A. 자필 유언장은 신뢰할 수 있는 가족이나 법률 전문가, 또는 공증사무소에 보관할 수 있습니다. 유언장이 있다는 사실을 가족이나 가까운 지인에게 알려두는 것도 중요합니다.

공정증서 유언은 공증사무소에서 안전하게 보관되므로 분실 위험이 없습니다.

5Q. 유언장은 나중에 변경할 수 있나요?

A. 네. 언제든지 본인의 의사에 따라 수정, 폐기, 재작성이 가능합니다. 가장 최신 날짜의 유언장이 법적으로 효력을 가집니다.

6Q. 유언장에 담을 주요 내용

- 가족에게 남기고 싶은 말(감사, 용서, 신앙 고백 등)
- 유산 분배할 자산 목록 작성
- 유산 상속 대상자와 분배 비율
- 상속 외 기부 의사가 있다면 단체명 등 명시
- 법적 상속인 외에 유언 집행자 명시

재산 규모와 관계없이 누구나 유언장을 작성하고 공증할 수 있습니다. 큰 자산을 소유하고 있는 경우는 대개 전문가의 도움을 받아 미리 준비를 합니다. 가족 간 분쟁을 피하기 위해 집 한 채, 자가용 한 대만 있어도 공증 유언장을 남기는 것은 충분히 의미 있고 지혜로운 선택입니다.

유품 정리

아직도 내 소유를 자랑하는 자리에서 노년의 즐거움을 찾으시나요? '유품 정리'라는 단어를 인터넷에 검색해 보세요. 누군가 떠난 뒤 남겨진 집과 물건들의 사진을 쉽게 볼 수 있습니다. 어떤 느낌이 드시나요? 아무것도 가지지 말자는 뜻이 아닙니다. 더 많이 가지기 위해 달려가는 발걸음을 잠시 멈추고, 힘겨워 하는 이웃들을 돌아보는 긍휼한 마음을 조금 더 품어 보길 권합니다.

> "그러나 네가 마음에 이르기를 내 능력과 내손의 힘으로 내가 이 재물을 얻었다 말할 것이라 네 하나님 여호와를 기억하라 그가 네게 재물 얻을 능력을 주셨음이라" 신명기 8:17~18a

젊은 날에는 이 진리가 잘 들리지 않고 보이지 않을 수 있습니다. 내 인생의 풍성한 소출이 주님의 은혜임을 고백하는 거룩한 노년의 예배를 세워 가시길 바랍니다.

유품은 단순한 물건이 아니라 당신의 삶의 흔적입니다. 남은 이들이 감정적으로 힘든 상황에서 물건을 정리하게 되면 버리지도 못하고, 보관하기도 어려워 '짐'이 되기 쉽습니다. 사진이나 기록물 같은 감정적 가치가 있는 물건들은 결정해 두지 않으면 가족들이 처리하는데 마음에 부담이 될 수 있습니다. 사랑하는 이들이 당신을 추억하는 시간이 편안할 수 있도록 미리 분류하고 의미를 알 수 있도록 정리해 두는 것이 좋습니다.

지금부터 물건을 늘리지 않는 것부터 시작해 볼 수 있습니다. 은퇴 흐에 거주지를 옮기게 된다면 물건을 줄일 수 있는 좋은 기회입니다. 70세든 80세든 본인이 정한 시기에 집이나 소유물을 반으로 줄이고, 10년, 20년 후에는 또 반으로 줄여야 합니다. 유언을 생각하고 준비하는 시기에 우품 정리도 함께 고민해야 합니다.

유품을 잘 분류해서 보관, 폐기 또는 전달 등 처리방법을 정리해 둡니다. 또한, 앞으로 계속해서 디지털 기기에 개인 자료들의 보관량이 늘어날 것입니다. 소유하고 있는 온라인 계정 및 서비스, 디지털 자산 등 디지털 유품에 관한 정보들도 함께 정리해 둡니다.

* 참고한 주요 출처:
1.《엔딩노트》, 이기숙 저
2. 한국호스피스완화의료학회
3. 국립연명의료관리기관

1. 임종 직전까지 고통은 점점 심해진다. ····························· **(X)**

고통 감각을 전달하는 신경활동이 둔해지고, 의식이 흐려지며 통증도 사라집니다.

필요시 진통제나 진정제를 적절히 사용해 고통 없이 평온하게 맞이할 수 있도록 도움을 받을 수 있습니다.

2. 청각은 죽기 직전까지 남아 있다. ····························· **(O)**

시각, 촉각보다 청각은 가장 늦게 사라지는 감각입니다.

의식이 없어 보여도 사랑한다는 고백의 말이나 기도는 마지막까지 들려드릴 수 있습니다.

3. 죽음은 마치 고통스러운 싸움처럼 격렬하게 온다. ·············· **(X)**

많은 경우, 죽음은 조용하고 서서히 찾아옵니다. 마치 잠들 듯 천천히 의식을 잃고, 호흡이 멎으며 생을 마감합니다.

4. 완화의료는 생명을 단축시킨다.······························ (X)

완화의료는 생명을 단축시키지 않습니다. 고통과 불안을 줄이고 남은 삶의 질을 높이기 위한 돌봄입니다. 통증 조절은 더 평온한 이별을 가능하게 합니다.

5. 모든 죽음이 영화처럼 극적이고 고통스럽다.··················· (X)

영화나 드라마는 극적인 효과를 위해 고통을 과장하는 경우가 많습니다. 실제 임종은 대부분 평온합니다.

6. 말기에는 식사를 억지로라도 시켜야 힘을 낼 수 있다.········· (X)

말기에는 자연스럽게 식욕이 줄고 삼키는 것도 어려워집니다. 억지로 먹이기보다 환자의 편안함을 우선으로 하는 것이 중요합니다. 몸이 스스로 준비하는 자연스러운 과정을 잘 수용해야 합니다.

7. 고통을 느끼지 않도록 진통제를 쓰면 의식이 더 빨리 흐려진다. ··· (X)

현대의 완화의료에서는 통증을 줄이면서도 의식을 유지할 수 있도록 적절하게 조절된 진통제를 사용합니다. 의식 저하보다 고통 없이 평온함을 유지하는 것이 더 환자에게 도움이 됩니다.

8. 죽음에 이르는 과정은 사람마다 다르다. ·························· (O)

지병과 사망에 이르게 하는 질환들이 다르기 때문에 죽음에 이르는 과정도 사람마다 다릅니다.

9. 사전연명의료 의향서를 작성해 두지 않아도 보호자의 요청으로 임종환자의 연명의료를 언제든지 중단할 수 있다. ················· (X)

연명의료의향서/연명의료계획서를 의식이 있을 때 건강할 때 준비해 두어야 합니다. 현행 의료법상 환자의 의사 없이 치료를 중단하는 행위는 불법 행위가 됩니다.

6장

엔딩노트

자기의 육체를 위하여 심는 자는 육체로부터 썩어질 것을 거두고
성령을 위하여 심는 자는 성령으로부터 영생을 거두리라
- 갈라디아서 6:8 -

이렇게 기록해 주세요

영원한 안식의 그날!

내 삶이 예수님과 동행하며, 함께 웃고 울며 추억할 수 있는 아름다운 이야기들로 우리의 남은 인생이 채워지기를 축복합니다. 지나온 시간을 돌아보고, 앞으로의 삶을 다짐하며 기록해 갑니다. 천천히, 그러나 진심으로 하나하나 써 내려가시길 권합니다. 삶 속에 순간순간 주셨던 하나님의 은혜와 감사를 기록하는 것이 하나님께 드리는 향기로운 기도가 될 것입니다.

처음부터 한 번에 모두 작성하지 않으셔도 괜찮습니다. 다만, 너무 오래 미뤄 두지 마시고, 일정한 기간을 정해 며칠 동안 써 내려가며 하나님과 가까워지는 은혜의 시간을 누리게 되시길 바랍니다.

믿음의 여정

1. 우리는 모두 하나님 자녀 되기를 결단하고 시인하는 그 첫 시간이 있었습니다. 예수님을 내 삶의 주인으로 모시기로 결심한 날, 기억하시나요? 세례 받은 날, 나의 신앙의 여정이 '시작'된 그 시간들을 기록해 보세요.

– 세례 받은 날:

....

– 주님을 영접한 날:

....

한 줄 감사:

2. 주님과의 첫 만남을 시작으로 젊은 날 뜨겁게 열정적으로 교회를 섬기던 시간들이 있었습니다. 교회와 함께해 온 시간들을 기록해 보세요.

– 출석했던 교회:

....

- 담임목사님:

- 내 믿음의 연륜:

3. 교회 안에서 직분을 맡아 섬기는 일은 다른 이들의 예배를 돕고 공동
체 안에서 교제하며 교회를 든든히 세우는 귀한 일입니다. 어떤 어려
움들이 있었고 그 경험을 통해 나는 어떻게 다듬어졌고 성장했는지
돌아보며 기록해 보세요.

- 그동안 어떤 직분을 맡아 얼마나 오랜 기간 봉사하셨나요? 최근까지 맡
  았던 직분은 무엇이었나요?

- 즐거웠던 추억, 마음 아팠던 추억들을 떠올려 보세요. 그 일들이 어떻게
  정리되었고 그때 나의 선택을 하나님은 어떻게 받으셨을까요?

- 어떤 말씀으로 어떤 믿음으로 기도하며 이겨 내셨나요? 혹 후회가 되신
  다면 어떤 것인가요?

한 줄 감사:

4. 미국의 제39대 대통령 지미카터. 그는 재임 중에도, 임기 후에도, 암
   과 싸우면서도 주일학교 교사로 섬겼습니다. 여러분도 교회 안에서
   계속 섬기고 싶거나 새롭게 섬기고 싶은 분야가 있나요? 꿈을 꾸게
   하시는 하나님을 만나시길 바랍니다.

한 줄 감사:

5. 하나님과의 추억이 교회 안에서만 있지는 않습니다. 가정 안에서 하
   나님과의 추억을 기록해 보세요. 천국에서 예수님과 나눌 이야깃거리
   가 풍성해지겠지요.

   * 예: 자녀나 배우자의 질병극복, 진학, 진급…

한 줄 감사:

6. 우리는 땅끝까지 복음을 전하는 사람들입니다. 그리고 살아있는 날까지 복음을 전해야 하는 사람들입니다. 우리를 통해 복음이 전해지는 일은 젊은이에게도 노인에게도 동일한 사명입니다.

  - 나에게 복음을 전해 준 사람:

  - 나를 위해 기도해 주는 사람:

  - 전도해야 할 사람:

한 줄 감사:

7. 항상 기뻐하고 범사에 감사하는 것이 우리를 향하신 하나님의 뜻은 을 믿고 지금까지 잘 실천하며 살아오셨습니까? 자녀로 인해 기뻤던 길, 나의 성취로 인해 기뻤던 일, 베풀어주신 은혜에 감사한 일, 그리 아니하실지라도 감사했던 일들을 돌아보며 기록해 보세요.

한 줄 감사:

8. 지금까지 나눈 기부금을 정산해 보는 시간을 가져 보세요. 조금은 엉뚱해 보이긴 하지만 숫자를 눈으로 보고 체감해 보면 자신감을 얻고 도전이 될 것입니다. 나누는데 인색하지 않은 노년을 누리시길 바랍니다.

- 기부기관명/기부 시작한 계기:

- 금액/기간:

"너희를 위하여 보물을 땅에 쌓아두지 말라 거기는 좀과 동록이 해하며 도둑이 구멍을 뚫고 도둑질하느니라 오직 너희를 위하여 보물을 하늘에 쌓아두라 거기는 좀이나 동록이 해하지 못하며 도둑이 구멍을 뚫지도 못하고 도둑질도 못하느니라 네 보물이 있는 그곳에는 네 마음도 있느니라" 마태복음 6:19~21

한 줄 감사:

9. 오늘 나의 신앙생활

1) 지금 나는 (   )세, 신앙생활 (   )년차

2) 매일 성경을 읽습니다. (Yes or No)

- 분량: ____

- 시간: ____

- 장소: ____

3) 지금 중보하며 기도하고 있는 제목이 있습니다. (Yes or No)

----

4) 주일 예배를 성수하고 있습니다. (Yes or No)

– 출석하는 교회: ┈┈┈┈┈┈┈┈┈┈┈┈┈┈┈┈┈┈┈┈┈┈┈┈┈┈

– 참여하는 예배(주일, 수요, 금요): ┈┈┈┈┈┈┈┈┈┈┈┈┈┈┈┈┈

5) 맡은 직분이 있습니다. (Yes or No)

– 봉사부서: ┈┈┈┈┈┈┈┈┈┈┈┈┈┈┈┈┈┈┈┈┈┈┈┈┈┈┈┈

– 맡은 일: ┈┈┈┈┈┈┈┈┈┈┈┈┈┈┈┈┈┈┈┈┈┈┈┈┈┈┈┈┈

6) 공동체 안에서 서로 교제하고 있습니다. (Yes or No)

– 공동체명: ┈┈┈┈┈┈┈┈┈┈┈┈┈┈┈┈┈┈┈┈┈┈┈┈┈┈┈┈

7) 누군가를 이끌어 주고 있습니다. (Yes or No)

8) 가정예배를 드리고 있습니다. (Yes or No)

– 장소: ┈┈┈┈┈┈┈┈┈┈┈┈┈┈┈┈┈┈┈┈┈┈┈┈┈┈┈┈┈┈

– 시간: ┈┈┈┈┈┈┈┈┈┈┈┈┈┈┈┈┈┈┈┈┈┈┈┈┈┈┈┈┈┈

– 가정예배 역사: ┈┈┈┈┈┈┈┈┈┈┈┈┈┈┈┈┈┈┈┈┈┈┈┈┈

9) 복음을 전하기 위해 품고 있는 사람이 있습니다. (Yes or No)

– 이름: ┈┈┈┈┈┈┈┈┈┈┈┈┈┈┈┈┈┈┈┈┈┈┈┈┈┈┈┈┈┈

– 관계: ┈┈┈┈┈┈┈┈┈┈┈┈┈┈┈┈┈┈┈┈┈┈┈┈┈┈┈┈┈┈

– 기도: ┈┈┈┈┈┈┈┈┈┈┈┈┈┈┈┈┈┈┈┈┈┈┈┈┈┈┈┈┈┈

10) 헌금을 드리고 있습니다. (Yes or No)

- 십일조: ....

- 주일헌금: ....

- 감사헌금: ....

11) 요즘 즐겨 부르는 찬양은 무엇인가요?

....

....

....

12) 요즘 묵상하는 성경구절은 무엇인가요?

....

....

....

13) 좋아하는 혹은 힘이 되는 성경구절을 기록해 보세요.

....

....

....

나에 대한 기록

작성일자 : 20___ 년 ___ 월 ___ 일

♠ 기본정보

- 이름:
- 연락처:
- 주소:
- 가족구성원:
  -
  -
  -
  -

♠ 부모, 형제, 배우자, 자녀, 손자녀, 이름과 나이, 가족들이 지금 어디에서 무엇을 하며 지내고 있는지 기록해 보세요.

한 줄 감사:

♠ 나의 시작과 성장

- 나는 언제, 어디서 태어났나요?

- 나의 부모님은 어떤 분이셨나요?

- 어린 시절 부모님께 받았던 따뜻한 사랑의 기억은?

- 그 시절 부모님(또는 보호자)에게 미처 전하지 못한 말이 있다면?

한 줄 감사:

♠ 내 인생의 10대 사건

①

②

③ ________________________________

④ ________________________________

⑤ ________________________________

⑥ ________________________________

⑦ ________________________________

⑧ ________________________________

⑨ ________________________________

⑩ ________________________________

- 내가 지나온 길에서 가장 후회되는 선택은?

____

____

- 다시 돌아가도 같은 선택을 하고 싶은 순간은?

____

____

- 그때의 나에게 해 주고 싶은 말을 적어 보세요.

____

____

한 줄 감사:

♠ 가정과 사랑

- 배우자를 처음 만난 날:

- 나의 결혼 이야기:

- 결혼기념일과 결혼장소: ------------------------------

- 결혼 연차: --

- 함께 살아온 시간 중 가장 고마웠던 순간: ----------------

- 부부간에 가장 힘들었던 위기의 순간:

(부부가 함께 이야기 나누며 추억하는 시간을 가져 보세요)

- 자녀들이 태어나던 날, 감정들을 기억해 보세요.

- 자녀들과의 추억을 떠올려 보세요.(여행, 진학, 생일…)

한 줄 감사:

♠ 소중한 만남

- 내 인생에 선물처럼 다가왔던 사람들을 기억해 보세요.(고마운 선생님, 친구, 직장 동료…)

- 일하면서 가장 뿌듯하고 코람을 느꼈던 순간은?

- 내 인생에 가장 큰 영향을 준 사람은?

한 줄 감사:

♠ 인간관계 & 취미생활

 - 친구, 지인, 나이 이름 연락처

 - 현재 교류 중인 모임(모임연차, 모임주기, 멤버…)

   (얼마나 오래된 관계인가? 얼마나 자주 만나는가?) (모임연차, 모임주기, 구

   성원/ 얼마나 오래된 관계인가? 얼마나 자주 만나는가?)

 - 요즘 즐겨 시간을 보내는 일(취미, 관심사)

----

* 요즘 읽고 있는 책, 요즘 자주 가는 곳, 요즘 자주 보는 채널 등 지금 즐기고 있는 일
  에 얼마나 많은 시간을 보내고 있는지, 얼마나 오랫동안 이 일을 즐겨 왔는지 돌아
  보는 시간은 새로운 도전을 기대하고 발견하게 할 것입니다.

한 줄 감사:

♠ 건강상태

   - 치료되었거나 치료 중인 질병: ______________________________________

   - 복용중인 약: ______________________________________

   - 신체 중 가장 불편한 곳: ______________________________________

   - 요즘 하고 있는 운동과 시간: ______________________________________

   - 요즘 걱정거리(예: 병원어 혼자 갈 때 외롭다고 느낀다.):

    ____

    ____

   - 10년 뒤 그때까지 건강하게 살아 있다면 나에게 남기고 싶은 말을 적어
    보세요.

    ____

    ____

한 줄 감사:

♠ 그밖에 기억해 두고 싶은 소중한 일상들을 자유롭게 적어 보세요.

   - 지금 가장 감사함을 느끼는 대상은 누구인가요? 이유는 무엇인가요?

    ____

    ____

- 만약 당신에게 남은 시간이 48시간이라면 무엇을 하고 싶나요?

- 이번 생일이 마지막 생일이라면 어떻게 보내고 싶은가요?

- 세네카: 잘 죽는 법을 알지 못하는 자는 잘 살지 못한다.
- 톨스토이: 이 세상에 죽음만큼 확실한 것은 없다. 그런데 사람들은 겨우살이는 준비하면서도 죽음은 준비하지 않는다.
- 찰스 스펄전: 죽는 것은 영혼이 떠나는 것만이 아니다. 주님 안에서 죽는 것은 영광스러운 천국 입장이다.
- 헨리 나우웬: 예수님의 시신이 고운 삼베로 감싸졌을 때 그것은 하나님이 인간의 죽음을 감싸 안으셨다는 가장 섬세한 표현이었다.
- 디트리히 본회퍼: 그대는 장례를 준비하고 있는가? 그렇다면 관이 아닌 부활의 소망을 입으라.
- 코리 텐 붐: 죽음은 마지막이 아니다. 그것은 하나님께 나아가는 문일 뿐이다.
- 리처드 박스터: 나는 장례식을 준비하며 슬프지 않았다. 오히려 마치 신부가 예복을 준비하듯 기쁨으로 기다렸다.
- 제임스 보스웰: 문제는 어떻게 죽느냐가 아니고 어떻게 사느냐이다.
- 카스텐 바움: 죽음은 빼앗길 수 없는 권리이다.
- 교황 요한 3세: 모든 날은 태어나기에 좋다. 모든 날은 죽기에도 좋다.
- 팀 켈러: 사랑하는 가족의 장례식에서 우리는 죽음을 배워야 한다.
- 존 번연: 죽음은 그리스도인에게 아무런 해도 끼치지 못한다. 그것은

감옥에서 나와 궁전으로 들어가는 일이기 때문이다.

- 대구 지역 사제의 무덤 〈성모당〉

  HODHI MIHI CRAS TIDI

  오늘은 나, 내일은 너

  오늘 내가 여기 누워 있지만

  내일은 당신이 될 것이다.

- 산돌 손양원 목사: 기독교는 잘 살기 위한 종교가 아니라 잘 죽기 위한 종교다.

- 키케로: 지혜로운 사람에게는 삶 전체가 죽음에 대한 준비이다.

- 테야르 드 샤르댕 신부: 우리는 영적인 체험을 하는 인간이 아니라 인간 체험을 하고 있는 영적인 존재이다.

맺으며

이 세상 떠나는 날.

소풍을 끝내고 집으로 돌아가는 아이처럼, "참 좋았어요. 행복했어요."
라는 감사의 고백을 드리며, 죽음을 맞이할 수 있기를 바랍니다.

'내게 주신 작은 힘 나눠주며 사는 삶 이것이 나의 삶의 행복이라오~' 이런 고백을 담은 찬양의 가사처럼 이 노트도 제 나눔의 한 조각입니다. 평범한 제가 기도하고 질문하며 정리하고 기록한 내용들이 홀로 외로이 죽음을 준비하시는 분들에게 위로가 되고, 남은 생애 동안 예수님을 다시 뜨겁게 바라보게 하는 불씨가 된다면 주를 위해 쓰임 받음에 기쁘고 감사한 일이 될 것 같습니다. 내가 가진 것이 크지 않지만, 그 적음을 두려워하지 않고 나누게 하신 하나님께 감사합니다.

힘든 시간 늘 곁에서 힘이 되어 주고 기댈 수 있는 든든한 버팀목이 되어 준 존경하고 사랑하는 남편에게 감사의 마음을 전합니다. 또한, 이 책이 시작되도록 응원해 주신 이남곤 목사님께 감사드립니다.

참고도서

- 당신은 이렇게 죽을 것이다, 백승철, 쌤앤파커스
- 죽을 때 후회하는 스물다섯 가지, 오츠 슈이치, 21세기북스
- 우리의 죽음이 삶이 되려면, 허대석, 글항아리
- 삶의 완성을 위한 죽음 교유, 정재걸, 지식의 날개
- 위인들의 마지막 하루, M. V. 카마스, 사과나무
- EBS다큐프라임-죽음 생사탐구 대기획, 책담
- 만남, 죽음과의 만남, 정진홍, 궁리
- 삶의 마지막에 마주치는 10가지 질문, 오츠 슈이치, 21세기북스
- 주님, 나이 드는 것도 좋군요, 베르나데트 맥카버 스나이더, 가톨릭출판사
- 존엄한 죽음, 최철주, 메디치
- 그대, 죽지 말아요, 캐런 메이슨, 새물결프러스
- 사람은 홀로 죽는다, 시마다 히로미, 미래의창
- 기록형 인간, 이찬영, 매일경제신문사
- 나는 죽음을 돌보는 사람입니다, 강봉희, 사이드웨이
- 케노시스: 자기비움, 고성준, 규장문화사
- 죽음을 배우는 시간, 김현아, 창비
- 죽음을 선택할 권리, M. 스캇 펙, 율리시즈
- 성경에서 찾은 아름다운 마무리, 박인조, 지혜의샘
- 싸나톨로지: 죽음이 내재된 생명학, 김재경, 정한책방
- 각자 도사 사회, 송병기, 어크로스
- 당신의 엔딩을 디자인하라, 와카오 히로유키, 타커스
- 우리는 왜 죽음을 두려워 할 필요 없는가, 정현채, 바이북
- 이만하면 괜찮은 죽음, 데이비드 재럿, 윌북

- 죽으면 다 끝나는가?, 오진탁, 자유문고

- 나의 아름다운 죽음을 위하여, 고광애, 서해문집

- 죽음의 시공간=삶 너머의 의료인문학, 김혜진 외, 모시는사람들

- 죽음. 삶의 끝인가 새로운 시작인가, 정준영 외, 운주사

- 나는 어떻게 죽을 것인가, 강영안 외, 21세기북스

- 죽음의 무도: 그림으로 보는 죽음에 관한 에세이, 윤민 외, 마름돌

- 대통령의 염장이: 대한민국 장례명장이 어루만진 삶의 끝과 시작, 유재철 김영사

- 죽은 자들이 알려주고 싶어 하는 10가지, 마이크 둘리, 라의눈

- 어떻게 죽을 것인가, 아툴 가완디, 부키

- (너무 늦기 전에 들어야 할) 죽음학 강의, 최준식, 김영사

- 사랑하는 사람과 저녁 식탁에서 죽음을 이야기 합시다, 마이클 헵, 을유문화사

- 잘해봐야 시체가 되겠지만, 케이틀린 도티, 반비

- 나는 장례식장 직원입니다, 다스슝, 마시멜로

- 잘 살고 잘 웃고 좋은 죽음과 만나다, 알폰스데켄, 예감

- 한국인, 죽기 전에 꼭 해야 할 17가지, 염창환, 21세기북스

- 삶의 마무리에 대한 의료 이야기 〈죽음학 교실〉, 고윤석 외, 허원북스

- 아름답게 떠날 권리, 김종운, 우리창

- 엔딩노트-나의 작은 자서전 만들기, 이기숙, 산지니

- 해피엔딩노트, tvN, 북폴리오

- 성도의 영원한 안식, 리처드 백스터, CH북스

- 신 없이 어떻게 죽을 것인가?, 크리스토퍼 히친스, 알마

- 죽음아, 날 살려라: 텍스트로 철학하기, 텍스트해석연구소, 휴머니스트

- 인생의 짧음에 대하여, 딘 리클스, 을유문화사

- 죽음 연습: 잘 늙고 잘 죽는 것을 넘어 잘 사는 것에 대한 사색, 이경신, 동녘

- 법의학자 유성호의 유언 노트, 유성호, 21세기북스

- 나는 품위 있게 죽고 싶다, 윤영호, 안타레스

부록 1 사전연명의료의향서

* 참고: 국립연명의료관리기관 www.lst.go.kr

1. 사전연명의료의향서란?

임종과정에 있는 환자가 무의미한 연명치료를 시행하지 않거나 중단할 수 있는 결정권을 가지고 존엄한 자신의 죽음을 준비할 수 있도록 도와주는 제도입니다. 환자가 회복이 불가능한 상황에 놓이기 전 의식이 있을 때 어떤 연명치료를 받고 싶고, 또는 받고 싶지 않은지를 미리 결정해 두는 문서입니다. 19세 이상 성인 누구나 작성이 가능하며, 상담사를 통해 충분한 설명을 들은 후 반드시 「본인」이 직접 작성해야 합니다.

2. 왜 '사전연명의료의향서'가 필요한가요?

우리는 언젠가 아프고 또 죽음을 맞이하게 됩니다. 하지만 삶의 마지막 순간에 어떤 치료를 받고, 어떤 결정을 내릴지는 미리 말하지 않으면 아무도 알 수 없습니다. 그래서 준비되지 않은 채로 환자도 가족도 힘든 결정을 떠안게 되는 일이 생깁니다. 한국 사회가 이를 깊이 고민하게 된 계기가 된 두 가지 사건이 있었습니다.

1) 보라매병원 사건(1997년)

58세의 한 남성이 술에 취해 화장실에서 넘어져 뇌출혈로 보라매병원으로 이송되었습니다. 당시 응급 시술을 시행했지만, 혼수상태에 빠져 자발호흡이 어려워 인공호흡기에 의존하여 치료를 받고 있었습니다. 부인은 남편이 생존하더라도 가족에게 부담이 되리라 판단하였고, 경제적 이유로 퇴원을 요구했습니다. 의료진은 퇴원할 때 사망 가능성을 설명하고, 법적 이의를 제기하지 않겠다는 서약서를 작성한 후 환자를 자택으로 이송했습니다. 환자는 자택에서 인공호흡 중단 후 5분 만에 사망했습니다.

자택에서 사망한 사건으로 경찰의 조사와 법정 판결을 통해 이 사건을 1심에서는 부인과 담당의사, 수련의까지 살인죄를 판결받았습니다. 2심에서 담당 의사는 살인죄의 방조범으로 유죄 판결을 받았습니다.

환자의 의사를 모를 때, 누가 어떤 기준으로 치료를 중단할 수 있을까? 의사는 환자의 고통을 덜어 주는 선택도 하면 안 되는 걸까? 하는 고민을 사회에 던진 사건이었습니다.

이 사건 이후 의료계는 환자의 퇴원 결정에 대한 법적 책임이 의료진에게 과도하게 부과된다는 비판과 제도적 보완의 필요성을 제기했고, 병원들은 소생 가능성이 없는 환자에 대해서도 퇴원 요구를 거절하는 경향이 강해졌습니다.

2) 김 할머니 사건(2008년~2009년)

김 할머니(76세)는 폐암 발병으로 검사를 진행하던 중 갑자기 의식을 잃고 식물인간 상태가 되어 인공호흡기와 같은 생명연장장치에 의존해 중환자실에 누워계시게 됩니다.

평소 "연명치료는 원하지 않는다."고 했던 말을 기억한 가족들이 인공호흡기를 제거해 달라고 요청했지만, 병원은 법적 책임을 이유로 받아들이지 않았고, 결국 소송에 이르게 되었습니다.

대법원은 "환자의 회복 가능성이 없고, 생전에 연명치료를 원치 않았다는 의사를 확인할 수 있다면 중단할 수 있다."고 판결했습니다. 판결에 따라 김 할머니는 인공호흡기를 제거한 후에도 영양공급을 받으며 생존하다가 6개월 후 별세했습니다.

이 사건은 환자의 의사 존중에 비중을 둔 존엄사와 연명의료 중단에 대한 논의를 본격화하는 계기가 되었습니다. 2018년 이후 '연명의료결정법'이 시행되어 환자의 자기결정권을 보장하는 법적 기반을 마련하는 데 큰 영향을 미쳤습니다. 환자의 자기 결정권과 인간의 존엄성을 법적으로 인정한 첫 사례이기도 합니다.

사전연명의료의향서 제도를 탄생시킨 두 사건을 통해 우리는 알 수 있습니다.

"죽음의 순간, 준비되지 않으면 환자도 가족도 의료진도 모두 고통스럽다." 본인이 결정하고 작성해 둔 사전연명의료의향서를 근거로 환자는 본인의 뜻대로 존엄한 마지막을 맞을 수 있고, 가족들은 괴로운 결정을 대신하는 과정에서 겪을 수 있는 불화를 예방할 수 있으며 의료진도 법적·윤리적 책임에서 벗어나게 됩니다.

연명의료결정제도는 〈국립연명의료관리기관〉에 접속하여 정보를 확인할 수 있습니다.

소풍 끝내는 날

ⓒ 김미영, 2026

초판 1쇄 발행 2026년 1월 5일

지은이   김미영
펴낸이   이기봉
편집   좋은땅 편집팀
펴낸곳   도서출판 좋은땅
주소   서울특별시 마포구 양화로12길 26 지월드빌딩 (서교동 395-7)
전화   02)374-8616~7
팩스   02)374-8614
이메일   gworldbook@naver.com
홈페이지   www.g-world.co.kr

ISBN   979-11-388-5125-1 (03230)

• 가격은 뒤표지에 있습니다.
• 이 책은 저작권법에 의하여 보호를 받는 저작물이므로 무단 전재와 복제를 금합니다.
• 파본은 구입하신 서점에서 교환해 드립니다.